能源与电力分析年度报告系列

2018

国内外能源与电力发展状况分析报告

国网能源研究院有限公司 编著

中国电力出版社
CHINA ELECTRIC POWER PRESS

内容提要

《国内外能源与电力发展状况分析报告》是能源与电力分析年度报告系列之一，主要对2017年世界能源与电力发展总体情况及特点进行研究和总结，对中长期世界能源与电力的发展趋势进行展望，为关注能源行业发展的领导、专家、科技人员、能源行业从业人员及其他读者提供借鉴和参考。

本报告在广泛收集整理世界主要能源相关统计机构统计信息与研究成果的基础上，对2017年世界能源与电力发展宏观环境进行了全面分析，系统梳理了世界能源与电力发展的最新动态，对世界能源与电力生产、贸易、消费、投资、能源环境等特点进行了归纳总结，对中长期世界能源与电力的发展趋势进行了展望。

本报告适合能源电力行业从业者、国家相关政策制定者及科研工作者参考使用。

图书在版编目（CIP）数据

国内外能源与电力发展状况分析报告．2018/国网能源研究院有限公司编著．—北京：中国电力出版社，2018.11

（能源与电力分析年度报告系列）

ISBN 978-7-5198-2593-5

Ⅰ.①国…　Ⅱ.①国…　Ⅲ.①能源发展－研究报告－世界－2018②电力发展－研究报告－世界－2018　Ⅳ.①F416

中国版本图书馆CIP数据核字（2018）第255169号

审图号：GS（2018）5952号

出版发行：中国电力出版社
地　　址：北京市东城区北京站西街19号（邮政编码100005）
网　　址：http：//www.cepp.sgcc.com.cn
责任编辑：刘汝青　李文娟（010-63412382）
责任校对：黄　蓓　太兴华
装帧设计：赵姗姗
责任印制：吴　迪

印　　刷：北京瑞禾彩色印刷有限公司
版　　次：2018年11月第一版
印　　次：2018年11月北京第一次印刷
开　　本：787毫米×1092毫米　16开本
印　　张：8.5
印　　数：0001—2000册
字　　数：114千字
定　　价：88.00元

能源与电力分析年度报告

编　委　会

《国内外能源与电力发展状况分析报告》

编　写　组

组　长　李琼慧　谢国辉

主笔人　汪晓露　刘佳宁

成　员　肖婉婷　李娜娜　黄碧斌　王彩霞　胡　静
洪博文　雷雪姣　李梓仟　闫　湖　时智勇
冯凯辉　叶小宁　袁　伟　于英姿　戴赛岚

前言

国网能源研究院多年来紧密跟踪国内外能源电力发展动态、重大事件、政策措施及相关统计数据等，形成年度系列分析报告，为政府部门、电力企业和社会各界提供了有价值的决策参考和信息。

在当前应对气候变化和保障能源安全的形势下，世界能源发展呈现出低碳、多元、清洁的特点。中国能源发展与世界各国的联系日益紧密，互动性和依存度不断增强。为了构建清洁低碳、安全高效的现代能源体系，有力推动经济社会的可持续发展，需要客观认识世界能源与电力的发展形势，及时了解世界各国的发展动态和先进经验，准确把握全球能源与电力发展的趋势。

为了全面掌握世界及主要国家能源与电力发展的最新情况和发展趋势，国网能源研究院基于自主开发的"国际能源电力统计分析平台"的历史数据、关键指标计算模块，在对国内外能源相关统计机构发布的年度数据进行研究分析的基础上，形成了2018年度《国内外能源与电力发展状况分析报告》，力求能够为关注能源行业发展的领导、专家、科技人员、能源行业从业人员及其他读者提供借鉴和参考。

本报告采用国内外能源相关研究机构发布的最新数据，数据来源包括国际能源署（IEA）的《OECD国家能源平衡》《非OECD国家能源平衡》《电信息》，联合国的《能源统计年鉴》，英国石油公司（BP公司）的《BP世界能源统计》，日本能源经济研究所，中国国家统计局、中国电力企业联合会及部分电力公司等。此外，报告还参考了其他国外电力协会或机构、各国统计机构的相关数据。本报告立足世界能源格局的发展与演变，以全球视野研究分析中国能源电力问题，与其他年度报告相辅相成，互为补充。

本报告共分为6章。第1章主要阐述并分析了2017年世界宏观经济环境及主要国家能源政策动态，并对全球能源电力投资现状进行分析；第2章分析了能源资源、能源消费、能源生产、能源贸易、能源环境等世界能源行业发展状况以及主要国家、中国能源行业发展状况，聚焦能源发展关键指标，对国内外能源发展状况进行了分析总结；第3章分析了电力消费、电力生产、发电成本、电网发展等世界电力行业发展状况以及主要国家、中国电力行业发展状况，聚焦电力发展关键指标等内容，对国内外电力发展状况进行了归纳总结；第4章汇总了主要国际能源统计机构的预测数据，展望了中长期国内外能源与电力的发展趋势；第5章专题研究之一延续对能源转型指数的研究，并选取中北欧五国进行分析和测算；第6章专题研究之二对WEC世界能源热点问题监测分析。

本报告概述部分由汪晓露、刘佳宁主笔，国内外能源与电力发展形势部分、世界能源发展状况分析部分由汪晓露主笔，世界电力发展状况分析部分由刘佳宁主笔，世界能源与电力发展展望部分由汪晓露主笔，专题研究由汪晓露、于英姿、戴赛岚主笔。全书由李琼慧、汪晓露统稿，李娜娜校核。

在本报告的编写过程中，得到了能源、电力领域多位专家的悉心指导，在此表示衷心感谢！感谢世界能源理事会（WEC）对本报告的贡献！

限于作者水平，虽然对书稿进行了反复研究推敲，但难免仍会存在疏漏与不足之处，恳请读者谅解并批评指正！

编著者

2018年9月

目 录

概　述

2017年对世界能源来讲是具有鲜明特点的年份。世界经济形势错综复杂，发达经济体增速下降，新兴市场与发展中经济体增速继续提高。世界一次能源消费强劲增长。世界非化石能源消费占比持续提高，能源消费持续向更清洁低碳转型。全球碳排放在连续三年近零增长后首次出现增长。世界电力消费持续增长，电源结构进一步向低碳方向发展。世界主要国家纷纷调整本国能源相关政策，以可再生能源为代表的新一轮清洁能源转型浪潮势不可挡。

2017年世界能源发展主要呈现以下特点：

全球经济继续回升，一次能源消费强劲增长。2017年世界经济增长3.7%，同比增加0.6个百分点。发达经济体经济增速为2.4%，同比下降0.4个百分点；新兴市场与发展中经济体经济增速为4.7%，同比增加0.6个百分点。2017年全球一次能源消费增长2.2%，增速高于2016年的1.2%，为2013年以来最快增速，也高于过去十年年均增速（1.7%）。

非化石能源消费量占比持续提高，世界能源消费持续推进清洁低碳转型。2017年全球一次能源消费主要由天然气和可再生能源引领，煤炭在能源消费结构中的占比持续下降。原油、原煤、核电占比分别同比下降0.2、0.4、0.1个百分点，天然气、水电和可再生能源占比分别同比上升0.2、0.1个和0.5个百分点。非化石能源占一次能源消费的比重同比上升0.3个百分点。

碳排放在连续三年近零增长后首次出现增长。继2014—2016年连续三年全球碳排放几乎没有增长的情况下，2017年全球CO_2排放量首次出现增长，同比增长1.6%，与2006—2016年十年年均1.3%的增速相比，略有提高。煤炭消费仍是化石燃料燃烧产生CO_2排放的主要来源。

全球能源投资连续第三年回落，但对电网和可再生能源的投资更加强劲。由于煤电、水电和核电装机容量增量投资的减少，使发电部门投资下降成为全球能源投资下降的主要原因。但在电网和电池储能方面的投资增加使电力部门连续两年成为全球能源投资的最大贡献者。

中国化石能源消费增长主要由天然气（+15%）和石油（+3.9%）引领，

在连续三年下降后，煤炭消费出现反弹（+0.5%）。中国天然气消费增长15%，为自2012年以来最大年度增幅。在连续三年下降后，中国煤炭消费重现0.5%的增长。虽然能源消费结构持续改进，煤炭仍是中国能源消费中的主要燃料，煤炭在中国能源结构中的占比由十年前的73.6%下降到2017年的60.4%，创历史新低。

2017年世界电力发展主要呈现以下特点：

世界电力消费量同比增长3.4%，发达国家电力消费持续回升。2017年世界电力消费量约为21.6万亿kW·h，同比增长3.4%，增速较2016年提高1.3个百分点。2017年OECD国家电力消费量为10.54万亿kW·h，同比增长0.6%。

世界电源结构进一步朝着低碳方向调整。2017年，全球风电装机5.46亿kW，同比增长11%；全球太阳能光伏发电新增装机容量0.96亿kW，达到创纪录水平。2000—2017年，世界火电装机占总装机的比重下降5.7个百分点，核电比重下降4.2个百分点，水电比重下降4.5个百分点，风电等非水可再生能源发电比重提高14.3个百分点。

非水可再生能源发电量历史增幅最大。IEA对月度数据的评估显示，2017年，OECD国家地热、太阳能、风能和其他可再生能源的发电量为10 303亿kW·h，较2016年增长1472亿kW·h，同比增长16.7%。这是目前为止这一领域取得的最大增幅。而水力发电量仅增长0.5%。化石燃料和核能发电量分别下降1%和0.8%。

非水可再生能源发电项目发电成本稳步下降。2017年，非水可再生能源发电项目中，光伏发电和陆上风电项目单位千瓦造价最低，分别为1548美元/kW和1670美元/kW。单位千瓦造价降幅最大的是光伏发电项目，2010年至2016年间下降了64%。水电、陆上风电、生物燃料发电项目造价变化比较平稳，光热、核电、海上风电项目呈波动下降趋势。

综合各机构预测值，2040年世界一次能源需求将达到251亿～270亿tce。

煤炭和石油的比重将持续降低，天然气和非化石能源的比重提高。世界终端能源消费增速预测值略有提升。世界能源投资需求持续增加，可再生能源投资占比增大。2040 年世界终端电力需求总量将达到 34.5 万亿 kW•h，电力需求增速高于能源需求增速，世界主要国家和地区电力需求预测值略有下降。2040 年世界发电量约 39 万亿 kW•h，发电量增长主要来自非 OECD 国家。风电、太阳能发电等非水可再生能源发电量占比大幅提高，煤电发电量占比大幅下降。可再生能源发电，尤其是风力发电和太阳能发电将成为能源结构调整的主力。

专题研究之一延续能源转型指数（ETI）研究，选取中北欧能源转型处于世界领先水平的五国进行能源转型评价。2006 年、2016 年中北欧五国能源转型指数（ETI）排序可以看出，五国在清洁能源发展方面均处于世界领先水平。2006 年和 2016 年挪威均处于第一位，其次为瑞典，两国 ETI 指数均高于 0.7。丹麦在十年间从 2006 年的第五位提高到 2016 年的第三位，能源转型成效显著。瑞士、芬兰能源转型稳步推进。

专题研究之二对 WEC 世界能源热点问题监测地图进行了分析。监测地图表明，全球能源格局继续向去碳化、数字化和分散化过渡。创新是全球关注的关键领域，数字化、电力存储、市场设计、分散式系统及可再生能源受到的关注度越来越高；领导者们对集中技术的关注减少，电价和能源供应的不确定性下降；数字化和电力存储的重要性增加，核问题重要性降低；数字化带来的影响正在促进可再生能源，区块链和数据 AI 等替代技术的快速融合；电价、美国政策和中国经济增长近五年的不确定性和影响基本保持不变，始终对世界能源格局产生影响。

1

2017 年国内外能源与电力发展形势

1.1 2017年宏观经济环境

1.1.1 经济增长

2017年世界生产总值增速同比提高0.6个百分点。国际货币基金组织（简称IMF）数据显示，2017年世界经济增长3.7%，同比增加0.6个百分点。其中，发达经济体经济增速为2.4%，同比下降0.4个百分点；新兴市场与发展中经济体经济增速为4.7%，同比增加0.6个百分点。2010—2017年世界及主要国家和地区经济增长率见表1-1。

表1-1　2010—2017年世界及主要国家和地区经济增长率　%

国家（地区）	2010年	2011年	2012年	2013年	2014年	2015年	2016年	2017年
世界	5.4	4.2	3.5	3.4	3.5	3.4	3.1	3.7
发达国家	3.1	1.7	1.2	1.3	2.0	2.1	1.7	2.4
美国	2.5	1.6	2.2	1.7	2.4	2.6	1.6	2.3
欧元区	2.1	1.5	-0.9	-0.3	1.2	2.0	1.7	2.4
日本	4.2	-0.1	1.5	2.0	0.3	1.2	1.0	1.7
新兴市场与发展中经济体	7.4	6.3	5.4	5.1	4.7	4.2	4.1	4.7
俄罗斯	4.0	4.3	3.4	1.3	0.7	-2.8	-0.2	1.5
中国	10.3	9.3	7.7	7.8	7.3	6.9	6.7	6.9
印度	10.4	7.9	4.7	5.0	7.2	7.6	6.8	6.7
巴西	7.5	2.7	1.0	2.5	0.1	-3.8	-3.6	1.0

数据来源：IMF《世界经济展望》，2018年7月。

（一）美国

美国2017年GDP增速回升，就业市场复苏。美国商务部的数据显示，2017年第四季度经通胀和季调后的GDP增速为2.9%，比第三季度3.2%的增速减少0.3个百分点；2017年全年美国GDP增速为2.3%，较2016年的

1.6%，有所增加。2017年美国经济最大的亮点依然是就业市场持续稳步复苏。2017年美国失业率持续走低降至当年12月最低4.1%，达到2007年8月以来最低值，当前美国就业市场的表现是近10年来最好的。

美国经济增长的动力主要来自消费支出和商业投资。消费者支出、住宅及非住宅类固定投资、出口以及政府支出在2017年实现增长。占美国经济总量近70%的消费者支出在2017年第四季度增长3.8%，对经济增长的贡献达2.58个百分点。出口增长6.9%，进口增长13.9%。企业库存投资的降低使经济增长减少了0.67个百分点。

（二）欧元区

欧元区2017年经济增速继续领先美国。欧元区2017年末经济和物价、就业三大经济指标全部超预期数字。并且欧元区第四季度GDP同比增幅2.6%，高于预期值和前值0.1个百分点；失业率下降0.2个百分点，至8.8%，为2009年以来最低水平。欧元区第四季度经济的增长加快使得全年增速达到了2.4%，快于美国的2.3%。

欧元区主要经济体经济持续适度增长。德国经济2017年增长2.5%，经济保持活跃；法国2017年经济增长2.3%，创2011年以来的新高；2017年全年英国经济增长逐渐放缓，GDP增速为1.7%，较2016年下降0.1个百分点。2017年意大利经济继续稳步回升，全年增速1.5%。

（三）日本

2017年日本经济增速回暖，去年日本经济增长增速为1.7%，较之前预期的1.3%高出了0.4个百分点，经济增长势头坚实。第四季度日本GDP环比增长0.1%，按年率计算增长0.5%。这是日本经济连续第八个季度出现增长，创下近28年来最长经济扩张期。不过，去年第四季度的增速与第三季度相比有所放缓。由于劳动力萎缩，日本的中期前景仍然疲弱。

（四）新兴市场与发展中经济体

2017年新兴经济体和发展中国家经济继续回暖，经济增速总体有所提升。

新兴经济体的增速依然领先于全球经济总体增速，超过发达经济体增速的2倍。俄罗斯经济度过衰退，出现了向增长转变的拐点，继续企稳向好，进入低速增长通道；中国大力推进供给侧结构性改革，“三去一降一补”成效显著，经济持续增长，全年国内生产总值增速6.9%，仍属于经济增长率最高的国家之一；2017年印度GDP增速6.7%，经历了连续5个季度回落，显示出“废钞令”的负面影响在持续，且超出预期。2017年，出口增长以及宽松的货币政策和较低的通胀水平为经济带来正向刺激，巴西经济增长开始告别萎缩，恢复增长。

1.1.2 国际贸易

2017年全球贸易增速大幅回升。IMF最新统计数据显示，2017年全球货物贸易量增长4.9%，同比增长2.7个百分点。其中发达经济体进口4.0%，新兴市场和发展中经济体进口增长6.4%。2010—2017年世界贸易增长率见表1-2。

表1-2　2010—2017年世界贸易增长率　%

国家（地区）		2010年	2011年	2012年	2013年	2014年	2015年	2016年	2017年
世界贸易量（货物和服务）		12.5	7.1	2.7	3.7	3.7	2.7	2.2	4.9
出口	发达国家	12.0	6.0	2.3	3.2	3.9	3.7	2.1	4.2
	新兴市场与发展中经济体	13.7	8.5	3.5	4.9	2.8	1.4	2.5	6.4
进口	发达国家	11.4	5.1	1.2	2.4	3.9	4.4	2.4	4.0
	新兴市场与发展中经济体	14.5	11.5	5.2	5.3	4.0	-0.8	1.9	6.4

数据来源：IMF《世界经济展望》，2018年4月。

1.2 能源政策动态

2017年，世界经济迎来逐步向好局面。受能效提高、替代能源发展、石油需求增速提高等多种因素的影响，世界主要国家纷纷调整本国能源相关政策。欧佩克主要产油国协同发力减产保价，改善市场供需；其他资源国加大资源开放力度，提升本国资源竞争能力。资源国税收政策以降低能源企业税收负担为主，并启动相关税制改革。美国退出《巴黎协定》为清洁能源的发展蒙上阴影，同时多国相继提出禁售燃油车计划，低碳是大势所趋，以可再生能源为代表的新一轮清洁能源转型势不可挡。

一、化石能源开发相关政策

2017年，资源国调整化石能源开发力度，欧佩克主要产油国和俄罗斯等国减产与美国增产角力，“欧佩克+”产油国携手成为稳定市场的重要力量。特朗普政府放松管制，为美国能源工业松绑，降低对煤炭、油气产业的约束，助推传统能源行业的振兴。卡塔尔和伊朗相继宣布加大地处两国之间的世界最大天然气田的开发。英国、阿根廷出台发展战略和鼓励计划力促非常规油气资源开发。哈萨克斯坦等国亦通过立法等途径改善矿产资源开发环境，以增加对国内外资本的吸引力。

（一）“欧佩克+”产油国协同发力，减产保价

2017年5月25日，在第172届欧佩克会议上，“欧佩克+”产油国决定将6月底到期的减产协议延长9个月至2018年3月，减产幅度保持180万桶/日不变，减产总量接近全球日供应量的2%。11月30日，欧佩克召开第173届大会，决定将减产决议延长至2018年底。2018年1月，监督协议遵守情况的联合技术委员会评估认为2017年“欧佩克+”产油国减产协议执行率为107%，各国的执行情况并不相同。但总体而言，“欧佩克+”产油国延长至2018年底的减产协议对原油市场产生了积极的影响。2018年，“欧佩克+”产油国联合减产政策实施效果对调整市场供需格局、稳定石油价格显得格外重要。

（二）美国放松管制，刺激化石能源生产

2017年1月，特朗普政府发布了“美国第一能源计划”，制定了其执政时期的能源发展重点，进一步推动美国的页岩油气革命，增加全球石油和天然气

供应。2017 年 3 月，特朗普签发《关于促进能源独立和经济增长的总统行政命令》，几乎完全颠覆了奥巴马执政时期制定并执行的美国能源政策，此举在未来较长一段时期内将对美国能源行业产生深刻影响。

（三）卡塔尔、伊朗扩大世界最大天然气田产量

2017 年 4 月，卡塔尔宣布已取消之前自行实施的针对开发全球最大天然气田的禁令。无独有偶，伊朗石油部长 3 月底也宣布扩大南帕尔斯气田产量，并与法国道达尔签署了开发南帕尔斯气田二期项目的初步协议。卡塔尔此次解除禁令，一方面能巩固卡塔尔作为全球最大液化天然气出口国的地位，另一方面表明该国对全球天然气需求看涨。天然气价格在短期内将继续承压，但未来 5～6 年供大于求的状况将有所改变。业界认为，卡塔尔此刻的决定和开发时间表是适合时宜的，暂时还没有国家能挑战卡塔尔液化天然气大国的地位。

（四）英国、阿根廷力促页岩气开采

2017 年 6 月，英国石油和天然气管理局公布北海地区南部海域低渗透储层天然气资源开发战略，战略中提出将通过以下措施实现北海南部气田最大程度开发：在短期和中期内与计划开发该区域的油气公司建立联合协作机制，支持低渗透储层天然气开采技术的研发与应用，确保开采企业间就低渗透储层天然气开采经验进行充分的交流、共享信息资源，协调设备供应环节以实现共享和成本优化，吸引更多有意向的投资商参与开发。

2017 年 3 月，阿根廷能源矿业部出台开采非常规天然气的投资鼓励计划，计划中确定了页岩气田承包商出售天然气的最低价格。同年 11 月，能源矿业部对投资鼓励计划进行调整，增加了享受天然气最低售价的承包商名单，以提高开发阿根廷境内非常规天然气资源的投资吸引力，也是恢复阿根廷天然气产量水平、降低其天然气进口依存度的重要之举。

（五）哈萨克斯坦改善矿产资源开发环境

2017 年 12 月，哈萨克斯坦通过《矿产和矿产资源利用法》。为了提高哈萨克斯坦境内矿产资源的投资吸引力，新法案主要进行了以下调整：根据澳大利

亚模式，办理许可证时执行“先到先得”原则，简化矿产开采权的审批；应用国际通用的储量评估方式，CRIRSCO（Committee for Mineral Reserves International Reporting Standards）报告模板；为方便企业获得地质数据和资料提供更便捷的渠道。法案旨在增加哈萨克斯坦矿产资源开发领域的透明度和可预测性，并在借鉴国际先进经验的前提下，进一步简化有关资源开采协议的批准程序，提高矿产资源开发竞争力。该法案于2018年6月29日起生效。

二、能源相关行业税收政策

在当前全球经济增长乏力、能源企业生产成本居高不下的情况下，美国、沙特阿拉伯等资源大国将减税，尤其是降低能源企业所得税作为应对措施。高度依赖石油出口的海湾地区国家纷纷以增值税方式实现政府财政收入的多样性，摆脱对石油出口的过度依赖。经历了几年停滞的拉美地区国家凭借油气行业回暖契机，推出优惠关税等激励政策，以鼓励深水油气资源开发。特别值得一提的是，俄罗斯政府通过了讨论长达十年之久的开采碳氢化合物所得附加税征收方案，向征税制度的完善迈出关键一步，为解决油气行业的发展难题提供有益探索。

（一）美国大规模减税利好国内油气行业

2017年12月，美国总统特朗普签署《减税与就业法案》。根据法案，美国从2018年起实施减税1.4万亿美元。这是美国30年来最大规模的一次税改，旨在通过低税率减少美国跨国企业在美国以外投资，吸引其他跨国企业到美投资，并刺激国内经济以实现就业增加和GDP增长。其中最引人关注的核心内容是企业所得税税率从35%降低至21%，同时将境外所得改为属地原则。对于美国能源行业而言，减税方案对石油天然气等传统能源企业无疑是重大利好，税改涉及的企业所得税、利息税收抵扣、替代性最低减税额等内容将对能源企业的生产运营产生实质性影响。

（二）俄罗斯石油税制改革迈出关键一步

2017年11月，俄罗斯联邦政府通过了讨论已久的开采碳氢化合物所得附加税征收方案；同月，俄联邦税法修订法案（关于征收开采碳氢化合物所得附加税的内容）提交至俄国家杜马。开采碳氢化合物所得附加税是对开发自然资源所获净收入征收的一种资源租赁税。此次税制改革引进了这种针对财务成果进行课税的办法，目的是要形成透明的、非歧视的征税制度，结束在大量不同优惠政策下税收征管制度规定碎片化的现状，同时保障国家财政收入。

（三）中东国家出台优惠税率、开征增值税

沙特阿拉伯降低石油企业所得税税率：2017 年 3 月，沙特阿拉伯颁布法令，宣布将根据石油企业在沙特阿拉伯的投资规模，下调其所适用的所得税税率。此前，石油企业的所得税税率统一为 85%。此次调整后，石油企业投资额大于 1000 亿美元的，所得税率为 50%；投资额介于 800 亿～1000 亿美元之间的，所得税率为 65%；投资额介于 600 亿～800 亿美元之间的，所得税率为 75%；投资额低于 600 亿美元的，所得税率仍为 85%。该法令回溯自 2017 年 1 月 1 日起生效。

沙特阿拉伯、阿联酋开征增值税：自 2018 年 1 月 1 日起，沙特阿拉伯、阿联酋开始征收税率为 5%的增值税，以增加政府财政收入，减少国际油价长期低位带来的负面影响。沙特阿拉伯政府预计，增值税开征的第一年，将带来至少 100 亿美元的额外收入。

（四）拉美国家减税激励油气上游发展

2017 年 12 月，巴西国会批准延长油气勘探开发商品进口税收激励政策执行期限，将暂停征收进口税的期限延长至 2040 年。根据从 2009 年开始实施的优惠关税制度（REPETRO），巴西对油气企业用于油气藏勘查和开采的商品暂停征收联邦进出口关税。这项优惠制度将于 2019 年到期。2017 年 8 月，巴西还颁布了一项特别的税收制度来支持石油和天然气行业的本地供应商。此外，墨西哥、阿根廷也纷纷推出税收优惠，以激励油气上游的勘探开采活动。

三、清洁能源相关政策

清洁能源发展方式受政策引导的影响较大，也是政策补贴的主要对象，同时，清洁能源行业离不开市场自主发展规律。从全球范围来看，清洁能源发展方式是各国政府调整能源结构的主攻方向，受到政府各种能源政策的引导和调整。

近一两年内，已有多国提出燃油车禁售计划。英国2017年公布的《清洁增长战略》是其落实2032年碳预算目标、实现脱碳计划的重要里程碑。同年意大利出台新能源战略，明确未来要完成欧盟的减排和可再生能源发展目标，同时逐步减少直至不再使用煤炭。具体到可再生能源领域，德国已生效的修订版《可再生能源法》规定采用招投标模式来确定对可再生电力的补贴。西班牙政府2017年举行的可再生能源拍卖中，风电投资者已经有能力通过竞标的低价确保获得稳定收益。在可再生能源发展较为成熟的国家，政府逐步取消优惠政策后将可再生能源的发展交给市场。

然而，美国退出《巴黎协定》为清洁能源的发展蒙上阴影。特朗普此举意在为美国能源工业松绑，降低“气候行动计划”对煤炭、油气产业的约束，加快传统能源行业的振兴。但同时，美国主要州和地方政府对《巴黎协定》的态度与其迥异，美国许多地方政府和企业表示仍会继续低碳行动，支持清洁能源发展。

（一）美国退出《巴黎协定》

2017年6月1日，美国总统特朗普宣布退出《巴黎协定》。特朗普表示，该协定是对美国的不公平待遇，对美国经济形势和就业率而言将带来诸多负面影响，美国将开始协商新的条款，可能重新加入《巴黎协定》，甚至缔结新的气候协定，但条件是，必须“对美国公平”。特朗普抨击了《巴黎协定》对发达国家每年筹资1000亿美元支援发展中国家的要求，表示《巴黎协定》通过绿色气候基金将财富转移到了其他国家。而为了将美国的经济增速提升至3%～4%，美国需要一切形式的能源。

（二）多国表示将禁售燃油车

2017年7月以来，英法相继提出禁售燃油车计划。法国能源部长尼古拉斯·霍洛表示，作为履行《巴黎协定》承诺的一部分，法国计划从2040年开始，全面停止出售汽油车和柴油车，同时将通过经济手段激励法国民众使用新能源车辆。英国政府宣布将于2040年起全面禁售汽油车和柴油车，届时市场上只允许电动汽车等新能源环保车辆销售。再加上2016年荷兰劳工党公开提案要求从2025年开始禁止在荷兰本国销售传统的汽油和柴油汽车，以及挪威四个主要政党一致同意从2025年起禁止燃油汽车销售，如今已有多个欧洲国家提出10～20年停售燃油车的计划。

欧洲之外，其他国家也在行动。印度能源部门对外表示，到2030年将实现车辆电动化，全面停止以石油燃料为动力的车辆销售。

此外，全球至少有8个国家已为电动汽车制定了销售目标，其中包括奥地利、丹麦、爱尔兰、日本、荷兰、葡萄牙、韩国和西班牙。在美国，加州也可能到2030年停止销售燃油车。美国虽然还没有一项联邦政策，但至少也有8个州已设定了相关目标。

（三）英国公布清洁增长战略

2017年10月，英国商业、能源和工业战略部发布《清洁增长战略》，以落实2032年碳预算目标并为2030年前英国低碳经济发展描绘蓝图。战略确定了英国气候和生态政策的主要方向，并包含一系列影响能源领域的重点政策行动。根据该战略，英国将通过发展绿色金融、提高能效、发展低碳交通、淘汰煤电等近50项措施来落实国内第五个碳预算目标（2028—2032），即到2032年比1990年水平减排57%。通过战略的实施，2032年英国一次能源消耗量将在此前预测基础上（未采取清洁增长政策行动的情况下）减少13%，其中减少量主要来自化石能源。

英国是全球最早意识到并采取行动应对气候变化威胁的首批国家之一，并在继续发挥重要的领导作用。《清洁增长战略》是英国在确保经济增长的同时实现脱碳工作的一个重要里程碑，今后还将不断开发适应环境变化的新方法，并在2017—2018年启动一系列的政府磋商。英国政府表示通过进一步的政策措施、技术进步以及灵活性，此战略可以实现第四个和第五个碳预算控制目标，但分析指出此战略仍需要更多的量化措施，才能确保减排目标的落实。

（四）德国修订可再生能源法

2017年1月，德国《可再生能源法》（2017年）修订案正式生效。法案中相当一部分新规具有重大现实意义。其中，最重要的新规是将可再生能源补贴制度转换为公开竞争的招投标制度，以降低对风能、太阳能和生物质能发电的补贴额度。同时，新规对免予招投标程序的各种例外情况做出规定。这些规定对市场份额小、不愿参与招投标程序的小企业意义重大。但水力和地热发电机组依然不适用招投标制度。此外，新法案还为租户用电模式和本地用电模式等分布式电力供应商提供了机会。

德国政府拟通过可再生能源法修订更好地实现可再生能源发展目标，同时降低电力成本。德国政府提出，2025年可再生能源发电量需占总发电量的40%～45%；2035年目标进一步提高到55%～60%。德国将维持2022年全面废核的目标，以及2020年碳排放量较1990年减少40%的减排承诺。考虑到可再生能源发电电价补贴政策造成电力用户终端用电电价大幅攀升等现实问题，在实现高比例可再生能源发展的同时，控制电力成本、促进可再生能源的经济可持续发展是德国可再生能源政策调整的重要原则。

（五）意大利出台新能源战略

2017年5月，意大利新的国家能源战略草案公布，随后启动公众意见征集工作，同年11月，意大利经济发展部和环境部决议通过了该能源战略。意大利此次新的能源战略是对2013年国家能源战略的修订和完善，旨在通过降低能源价格提高国家经济竞争力，保障可持续发展，提高能源安全。

新能源战略明确了三大目标：降低能源成本，实现欧盟气候与能源战略目标以及提高国家能源安全。在可再生能源领域，能源战略目标包括可再生能源发电比例从 2015 年的 17.5%增至 2030 年的 55%，可再生能源供热从 19.2%增至 30%，交通运输行业可再生能源利用率从 6.4%增至 21%。通过发展可再生能源和提高能效，意大利国家能源进口依存度将由 2015 年的 76%降至 2030 年的 54%。

（六）西班牙可再生能源竞价

2017 年 3 月，西班牙颁布第 359/2017 号皇家法令，确定了可再生能源生产商获取补贴的招标程序。2017 年，西班牙政府举行了两次大型可再生能源项目的竞价，共分配了约 8GW 的容量，其中第一个竞价中 99%份额分配给了风能，在第二次中太阳能分配到了约 3.9GW。西班牙政府 2017 年 5 月举行的可再生能源项目竞标结果显示，风电报价低至 4.3 欧分/（kW•h），创造欧洲陆上风电最低价格。风电投资者不再为获取政府补贴而来，而是通过竞标的低价确保获得稳定的固定收入，为可再生能源在西班牙的恢复发展找到新路。

（七）印度政府公布可再生能源计划

2018 年 4 月 30 日，印度政府宣布计划到 2022 年新增 1.75 亿 kW 的可再生能源发电装机容量（其中包括 1 亿 kW 的太阳能发电与 0.6 亿 kW 的风电装机容量）。此外可再生能源发电在电源结构中的份额正在逐步增加，到 2022 年可达到 1700 万 kW 的可再生能源发电装机。目前印度核电装机容量约 680 万 kW。670 万 kW 的新核能装机容量已经在建设中并计划在 2021 至 2022 年之间投运。印度政府计划在 2018—2019 年和 2019—2020 年分别招标 1000 万 kW 的风电，这两轮招标有望帮助印度在 2022 年之前实现 6000 万 kW 风电装机的目标。

（八）日本公布能源政策草案

2018 年 5 月 18 日，日本政府公布了一份能源政策草案，进一步确认其三年前设定的目标，到 2030 年，核电有望在日本发电结构中占据 20%～22%的份额。可再生能源发电将占 22%～24%（水电占 8.8%～9.2%，太阳能发电占 7%，生物质能发电占 3.7%～4.6%，风电占 1.7%以及地热能发电占 1%～

1.1%)，包括煤炭和燃气在内的化石燃料将占 56%（液化天然气占 27%，煤炭占 26%以及石油占 3%）。此外，日本还计划到 2030 年将碳排放量减少 26%（以 2013 年的水平为基准），到 2050 年减少 80%。

1.3　能源电力投资

全球能源投资连续第三年出现回落，2017 年全球能源投资总计 1.8 万亿美元，同比下跌 2%。由于煤电、水电和核电投资的减少，且减少部分超过了光伏发电投资，使发电部门投资下降成为全球能源投资下降的主要原因。2017 年全球能源分部门投资及与 2016 年对比变化情况如图 1－1 所示。

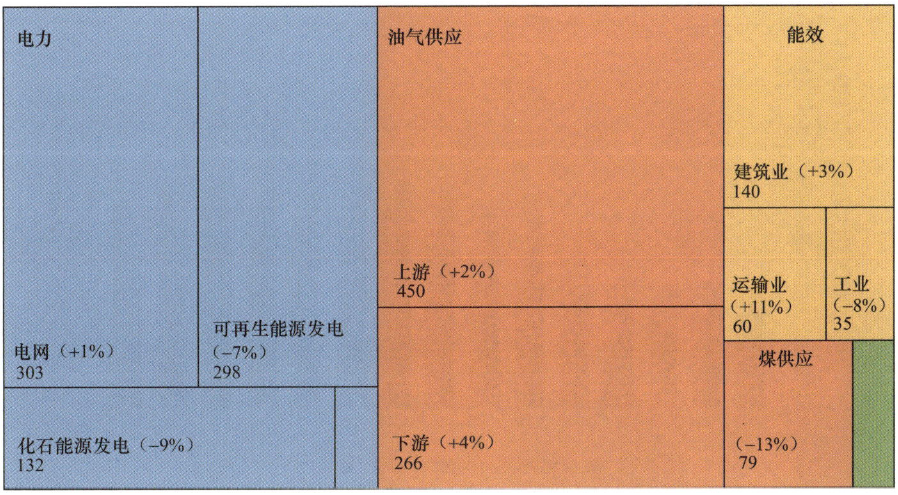

图 1－1　2017 年全球能源分部门投资及与 2016 年对比变化情况（单位：十亿美元）

2017 年化石燃料供应方面的投资趋稳，约 7900 亿美元，煤炭供应和 LNG 投资的减少抵消了上游油气投资的部分增量。2017 年上游投资增长了 4%，达到 4500 亿美元，预计 2018 年将增长 5%，至 4720 亿美元，2018 年的投资增长主要是美国页岩油（气）板块（预计将增长约 20%）驱动。煤炭供应的投资在 2017 年下降了 13%，低于 800 亿美元，主要是因为中国的支出减少了。应对气候变化和空气污染以及加强可再生能源发展等政策行动继续影响对煤炭的投资。LNG 液化工厂的投资额继续大幅下降，预计 2018 年将跌至约 150 亿美元。

世界能源持续电气化，对电网和可再生能源的投资支持强劲。2017 年，能效部门和油气上游的投资出现了增长，但化石燃料供应的资本支出仍维持在 2014 年水平的 2/3 左右。电力部门仍连续第二年成为全球能源投资的最大贡献者，如图 1-2 所示。全球能源投资持续转向更清洁的能源。2017 年，清洁能源（可再生能源和核能）在电源投资中的占比超过了 70%，而 10 年前占比才不到 50%。在电网和电池储能方面的投资增加也为更灵活的电力系统做出了贡献，这对于提高太阳能光伏和风电并网规模至关重要。

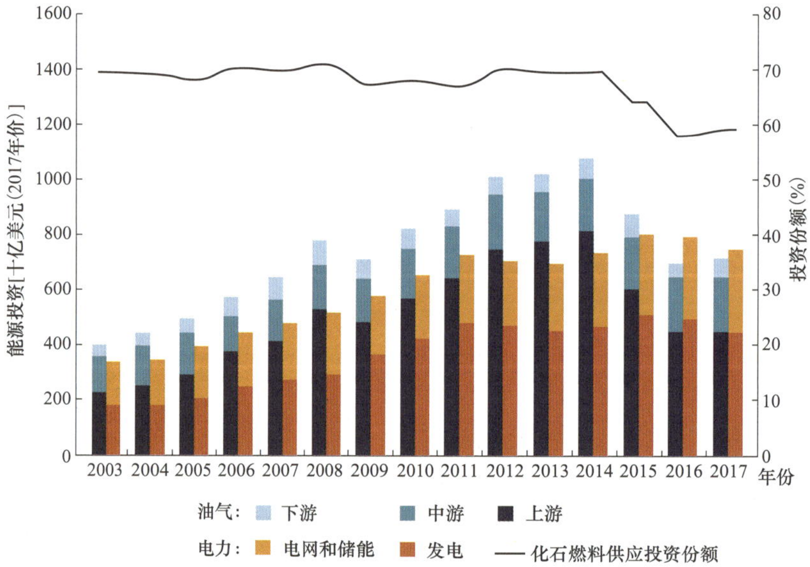

图 1-2　2003—2017 年全球能源投资及组成

随着电力部门变得更加资本密集型，电力需求和投资之间的关系继续演化。过去的十年中，在鼓励可再生能源发展和改善、扩大电网的背景下，全球电力部门投资与电力需求增长之比在平均水平上翻了一番，同时由于能效的提高抑制了电力需求的增长。随着时间的推移，在资本密集型程度低的热电中的投资占比普遍下降。2017 年，全球电力部门的投资下降了 6%，接近 7500 亿美元，主要是因为新增电源装机减少了10%，其中一半的下降是由中国和印度煤电项目减少造成的。现有煤电装机的退役抵消了近一半的增加。

尽管可再生能源发电投资下降了7%，但仍占2017年电源投资的2/3。2017年，全球可再生能源发电投资近3000亿美元，光伏发电投资再创纪录，如图1-3所示，而其中近45%是在中国。海上风电投资也达到了创纪录水平，其中投运的装机容量近4GW，主要在欧洲。另一方面，陆上风电投资下降了近15%，尽管投资下降的1/3是由于成本的下降导致的，但其他部分主要是由于美国、中国、欧洲和巴西投资下降引起的。水电投资降至十年来的最低点，中国、巴西和东南亚地区的经济放缓。中国在政策方面寻求促进更具成本效益的光伏发展，增加了可再生能源投资放缓的风险，但在其他市场投资前景仍保持强劲势头。

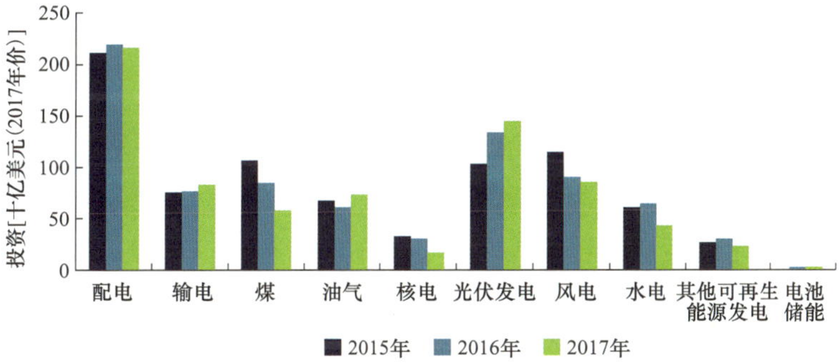

图1-3　2015—2017年全球电力分品种投资情况

能效投资在全球能源投资整体下降的趋势下仍保持强劲增长。2017年，共有2360亿美元的资金投资于建筑、运输和工业部门的能效改善方面，如图1-4所示。但尽管近年来能效投资增长强劲，在能效政策实施和全球能源强度改善放缓的背景下，这一增长速度已经下降了3%。2017年的增长是由于建筑供暖、制冷和照明效率的支出增加导致的。建筑部门的能效支出增长了3%，主要原因是建筑业的活动有所增加。工业部门的能效投资在2017年下降了8%，部分原因是中国在建的新设施有所放缓。在钢铁行业，这种减速是戏剧性的，随着对以煤为基础钢材生产的投资已经崩溃，新产能的平均能源强度已经提高了10%。

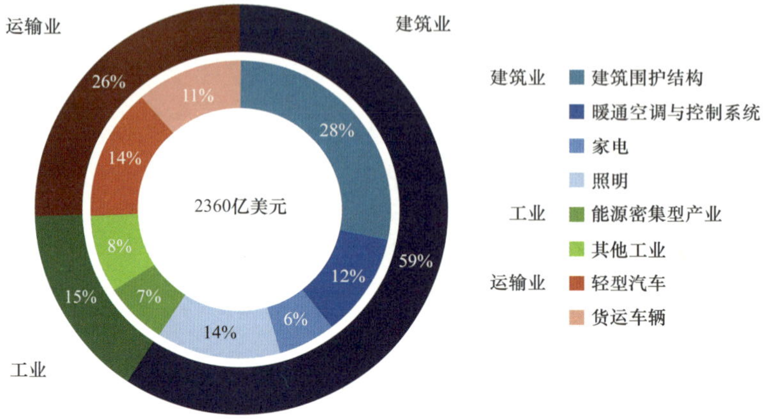

图1-4　2017年全球能效投资情况

2017年，全球电网投资增长缓慢，同比仅增长1%，但电网总投资达3000亿美元，达到新高。电网在电力部门投资中的占比上升至40%，是十年来的最高水平。中国仍然是全球最大的电网投资市场，其次是美国。旨在提高电力系统灵活性、支持间歇性可再生能源整合以及新来源的需求的技术投资正在增长。电力公司正在对电网进行现代化建设，其方法是增加投资，并收购与智能电网技术相关的业务，包括智能电能表、先进的配电设备以及电动汽车充电业务，这些占电网支出的10%以上。

中国仍然是能源投资的大国，占全球能源投资总量的1/5以上。中国的能源投资越来越受到低碳电力供应、电网以及能效的推动。2017年，新建煤电项目的投资下降了55%。美国巩固了其作为世界第二大能源投资国的地位，这得益于上游油气部门［主要是页岩油（气）］以及气电和电网的投资大幅回升。欧洲在全球能源投资中的占比约为15%，能效投资有所提高，可再生能源投资的适度增长抵消了热电投资的下降。印度可再生能源投资在2017年首次超过了以化石燃料为基础的电源投资。2017年全球能源分品种和分区域投资情况如表1-3所示。

表 1-3　　**2017年全球能源分品种和分区域投资情况**　　十亿美元，2017年价

国家（地区）	油气		煤炭		发电		可再生能源运输和热力	电网	能源总供应	能效
	上游	下游基础设施	矿业和基础设施	煤、油气	核能	可再生能源				
OECD国家	167	115	11	43	8	139	5	137	625	140
美洲	114	63	3	16	8	48	1	73	326	47
美国	70	49	2	14	4	41	1	65	245	42
欧洲	40	22	2	7	0	66	4	44	185	75
亚太地区	14	30	6	19	0	25	1	19	114	18
日本	1	3	0	2	0	18	0	8	33	9
非OECD国家	282	128	64	89	9	159	15	166	913	96
欧亚大陆	84	24	7	9	0	5	0	17	147	6
俄罗斯	58	16	6	6	0	1	0	10	97	4
非OECD亚洲	58	54	54	55	9	125	14	120	488	81
中国	31	27	44	22	8	98	12	80	322	65
印度	3	9	7	16	0	19	0	20	74	58
东南亚	17	13	2	9	0	3	1	14	58	3
中东	63	28	0	8	0	2	0	9	110	1
非洲	37	14	2	15	0	9	0	9	84	3
拉丁美洲	41	9	1	3	0	18	1	12	84	4
巴西	23	3	0	1	0	14	1	7	49	2
世界	450	266	79	132	17	298	20	303	1566	236
欧盟	14	33	2	6	0	55	2	36	148	

注　用于运输的供热的可再生能源包括用于运输的生物燃料和太阳能热装置。

2

国内外能源发展状况分析

2.1 世界能源行业发展状况

2.1.1 能源消费

（一）一次能源消费

世界一次能源消费强劲增长。2017 年世界一次能源消费总量约为 193.02 亿 tce，同比增长 2.2%，高于 2016 年的 1.2%，也高于十年间 1.7%的年均增速，为 2013 年以来最快增长。2007—2017 年世界一次能源消费及增长率如图 2-1 所示。

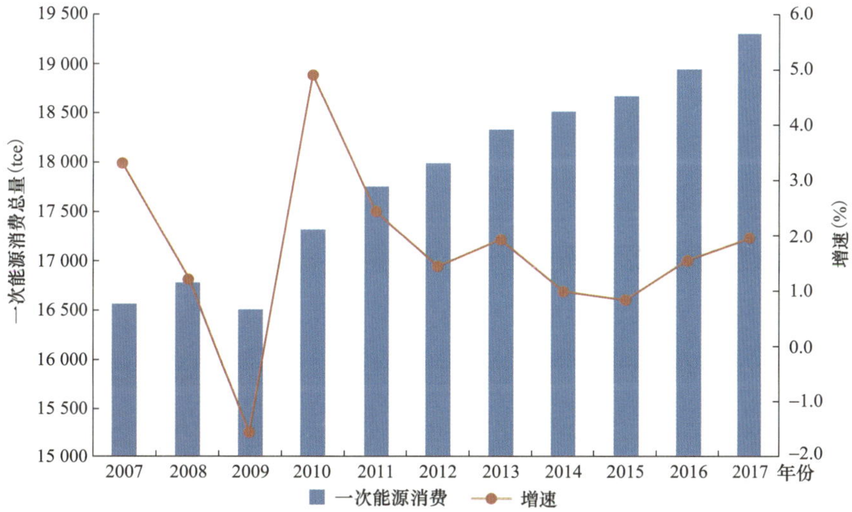

图 2-1　世界一次能源消费量及年增速

原油是世界最主要一次能源的地位保持不变，煤炭在能源结构中的占比持续下降，为 2004 年以来的最低水平。2017 年，世界原煤、原油、天然气、核电、水电、非水可再生能源分别占一次能源总消费量的 27.6%、34.2%、23.4%、4.4%、6.8%、3.6%。2017 年世界一次能源消费结构如图 2-2 所示。

一次能源消费的增量大约有 60%来自于天然气和可再生能源。2017 年全球

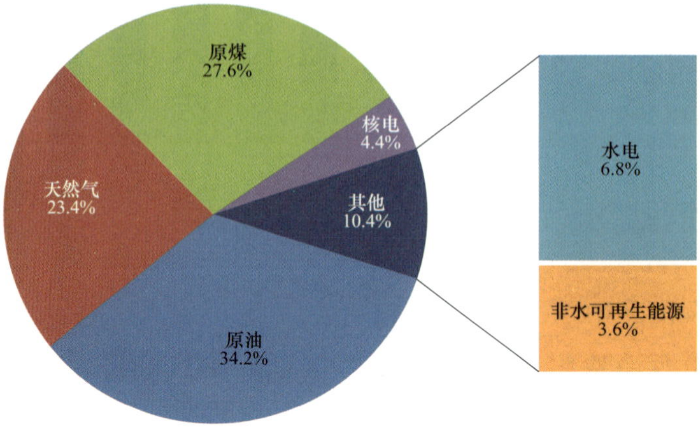

图 2-2　2017 年世界一次能源消费量分品种构成

一次能源增长主要由天然气和可再生能源引领，天然气消费大幅攀升，成为 2017 年消费增长最多的一次能源（3.0%，1.19 亿 tce），其次是持续强劲增长的可再生能源（14.8%，1.03 亿 tce），尤其是风能和太阳能。2017 年，世界原油、原煤、核电占比分别同比下降 0.2、0.4、0.1 个百分点，天然气、水电和可再生能源占比分别同比上升 0.2、0.1 个和 0.5 个百分点。

天然气领涨全球能源消费。2017 年，世界原煤消费量 53.31 亿 tce，增长 1.0%，是 2013 年以来的首次增长。2017 年，世界原油消费量 46.22 亿 t，同比增长 1.7%，高于过去 10 年 1.1%的年均增长率。2017 年，世界天然气消费量达 36 704 亿 m^3，增长了 960 亿 m^3，同比增长 3.0%，是 2010 年以来的最快增速。

核电、水电消费量增速回落。2017 年，世界核电发电量 26 356 亿 kW·h，同比增加 1.1%，低于 2016 年 1.4 的增幅。2017 年，世界水电发电量 40 599 亿 kW·h，同比增长 0.9%，明显低于过去 10 年 2.9%的年均增长率和 2016 年 3.7%的增幅。

非水可再生能源消费量保持快速增长态势。2017 年，世界非水可再生能源消费量 69 548 万 tce，同比增长 17%。新增的非水可再生能源中超过一半源于风能的增长。2017 年全球太阳能的快速发展也贡献了近四成的增长。

（二）终端能源消费

2016 年世界终端能源消费总量约 136.5 亿 tce，同比增长 1.8%。其中，煤炭、石油、天然气、电力、热力及其他能源分别占 11.1%、40.9%、14.9%、18.5%和 14.6%。2000—2016 年世界终端能源消费量及增长速度如图 2-3 所示，2016 年世界终端能源消费结构如图 2-4 所示。

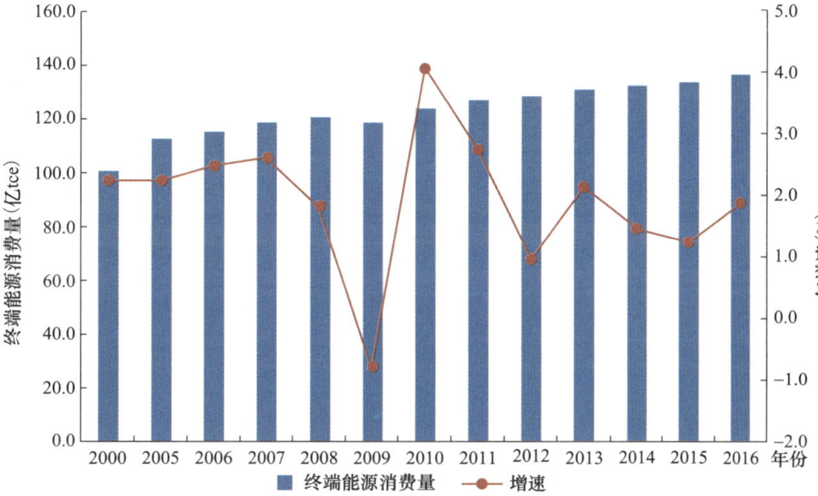

图 2-3　2000—2016 年世界终端能源消费量及增速

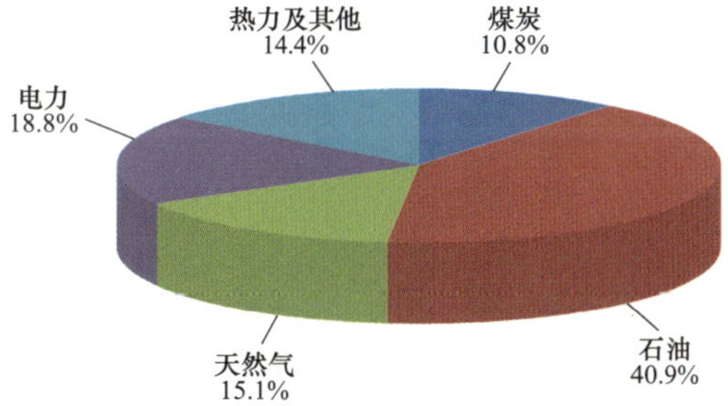

图 2-4　2016 年世界终端能源消费结构

2.1.2　能源生产

世界煤炭产量连续三年下降之后首次出现增幅。2017 年，世界煤炭总产量 77.27 亿 t，同比增长 3.4%，是继 2013—2016 年连续三年下降后的首次增长，也是 2011 年以来的最快增长。

世界石油产量小幅增长 0.5%。2017 年，世界石油总产量达到 43.87 亿 t，同比增长 0.5%，略高于 2016 年 0.3%的年增速，但仍低于过去 10 年 1.0%的年均增速。

世界天然气产量增加 1306 亿 m^3，上升 4%，几乎是十年均值的两倍，达近五年最大增幅。2017 年，世界天然气产量为 36 804 亿 m^3，其中俄罗斯增长最多（460 亿 m^3），其次是伊朗（210 亿 m^3）。

世界核能增长缓慢。2017 年，世界核电发电量 26 356 亿 kW•h，同比增长 1.1%。主要增幅来自于中国、俄罗斯和日本，但一定程度上被韩国和中国台湾的降幅所抵消。

水电同比增长下降。2017 年，世界水电发电量 40 599 亿 kW•h，同比增长仅 0.9%，明显低于过去 10 年 2.9%的年均增长率。中国水力发电的增量为自 2011 年以来最低，欧洲则下降了 10.5%。

可再生能源发电增长了 17%，高于十年均值，也是有记录以来的最大年增长。可再生能源增量的一半以来来源于风电，太阳能发电虽然在可再生能源中占比仅为 21%，却贡献了超过三分之一的增量。

世界发电量增长 2.8%，接近十年均值。94%的增长来自新兴经济体，OECD 国家发电量自 2010 年以来基本没有增长。发电量增长的近一半来自可再生能源（49%），剩下主要来自于煤炭（44%）。可再生能源在发电结构中的占比从 7.4%提高到 8.4%。

2.1.3 能源贸易

（一）煤炭

2016 年世界煤炭出口总量 11.91 亿 tce，同比上升 1.6%。澳大利亚和印度尼西亚是最主要的煤炭净出口国家，净出口量分别为 3.50 亿 tce、3.08 亿 tce，分别占世界净出口总量的 29.4%、25.9%。**世界煤炭进口总量 11.36 亿 tce，同比上升 0.4%**。煤炭净进口量排名前五位的国家（地区）均在亚洲，中国净进口量有所上升，为 2.09 亿 tce，仍居世界首位，其次是印度和日本。2017 年世界十大煤炭净出口和净进口国家（地区）情况见表 2-1。

表 2-1　2017 年世界十大煤炭净出口和净进口国家（地区）　亿 tce

排名	净出口		净进口	
	国家（地区）	净出口量	国家（地区）	净进口量
1	澳大利亚	3.50	中国	2.09
2	印度尼西亚	3.08	印度	1.65
3	俄罗斯	1.48	日本	1.63
4	哥伦比亚	0.80	韩国	1.28
5	美国	0.76	中国台湾	0.60
6	南非	0.68	德国	0.45
7	蒙古国	0.32	土耳其	0.35
8	加拿大	0.19	马来西亚	0.28
9	哈萨克斯坦	0.17	泰国	0.21
10	莫桑比克	0.11	哥伦比亚	0.21

数据来源：IEA。

（二）石油

2017 年世界石油贸易量达到 33.19 亿 t，同比增长 4.0%。其中，原油贸易量 21.84 亿 t，石油产品贸易量 11.35 亿 t，分别占 65.8%和 34.2%。石油贸易量占石油消费量的比重从 10 年前的 57%提高到了 72%，石油的全球化能源配置趋势愈加明显。

2017 年世界石油贸易流向如图 2-5 所示。

（三）天然气

管道贸易主要从俄罗斯、挪威流向欧洲其他国家，以及从加拿大流向美国。LNG 主要从中东、北非地区流向东亚。**2017 年，全球天然气贸易量 11 341 亿 m^3，上升了 5.9%，主要得益于 LNG 进出口贸易超过 10%的增长**。其中，管道贸易量 7407 亿 m^3，同比增长 3.7%；LNG 贸易量 3934 亿 m^3，同比增长 10.3%。管道和 LNG 分别占世界天然气贸易量的 65.3%和 34.7%。2017 年全球天然气

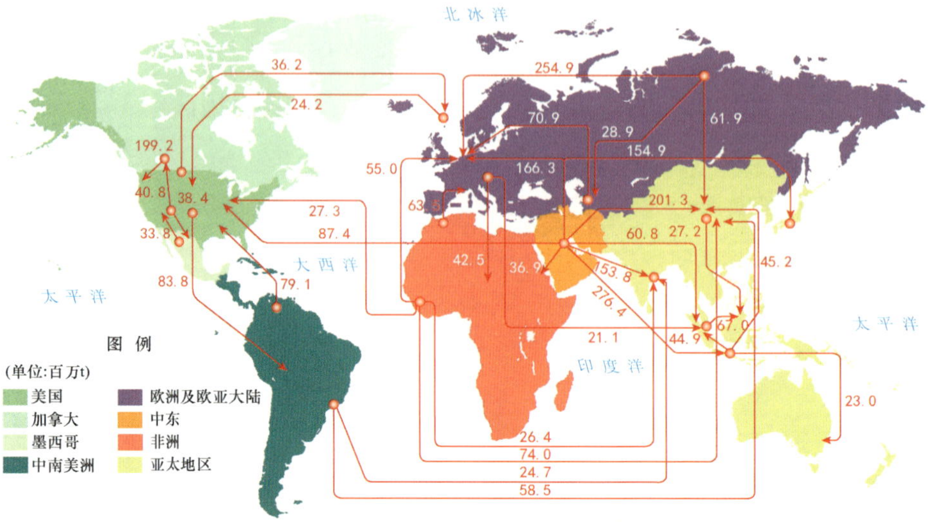

图 2-5　2017 年世界石油贸易流向示意图

出口增量主要来自澳大利亚和美国的 LNG（分别增长 170 亿 m^3 和 130 亿 m^3）和俄罗斯的管道贸易（150 亿 m^3）。

2017 年世界天然气贸易流向如图 2-6 所示。

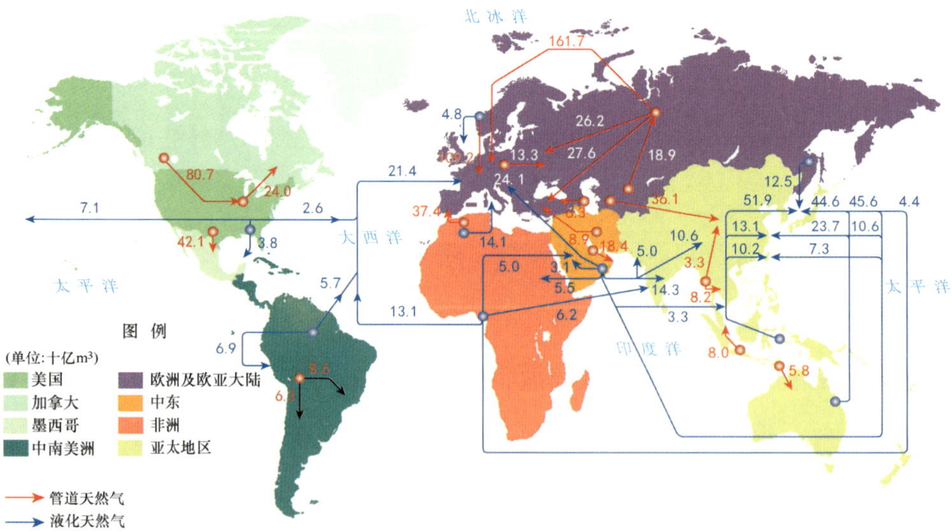

图 2-6　2017 年世界天然气贸易流向示意图

（四）电力

由于亚太区域没有电力交易，故 OECD 国家的总电力交易由欧洲区域和美洲区域构成。2017 年，美洲区域电力出口微增 0.6%，进口下降 2.6%；欧洲区域电力出口增长 4.8%至 406.4TW·h，电力进口增长 0.9%至 399TW·h。

2.1.4 能源环境

继连续三年近零增长后，能源消费产生的碳排放在 2017 年增长了 1.6%。在 2014—2016 年三年近零增长的情况下，2017 年全球 CO_2 排放量为 334.44 亿 t，同比增加 1.6%，高于 2006—2016 年年均 1.3%的增速。2007—2017 年全球 CO_2 排放量及增速如图 2-7 所示。

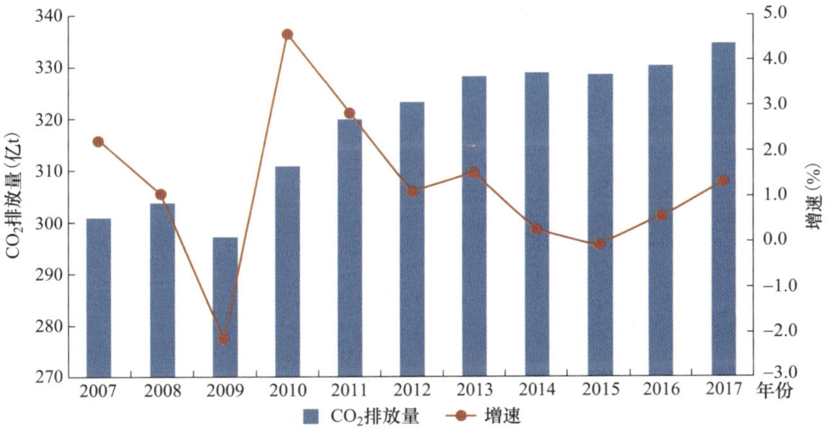

图 2-7 2007—2017 年世界化石燃料燃烧产生的 CO_2 排放量及增长速度

煤炭消费仍是化石燃料燃烧产生 CO_2 排放的主要来源。2015 年，燃煤排放的 CO_2 为 145.13 亿 t，同比下降 2.2%，占世界 CO_2 排放总量的 44.9%，比 2014 年下降 1 个百分点；其次为石油燃烧，其 CO_2 排放量为 111.69 亿 t，占 34.6%，比 2014 年上升了 0.8 个百分点；天然气燃烧排放 64.37 亿 t，占 19.9%，占比上升 0.3 个百分点。2005—2015 年世界化石燃料燃烧 CO_2 排放分品种构成如图 2-8 所示。

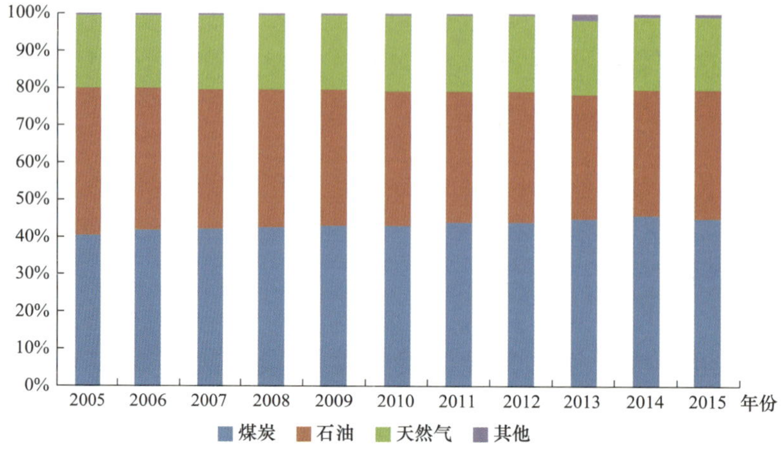

图 2-8　2005—2015 年世界化石燃料燃烧 CO_2 排放分品种构成

2.1.5　世界能源发展特点

（1）全球经济继续回升，一次能源消费强劲增长。2017 年世界经济增长 3.7%，同比增加 0.6 个百分点。发达经济体经济增速为 2.4%，同比下降 0.4 个百分点；新兴市场与发展中经济体经济增速为 4.7%，同比增加 0.6 个百分点。2017 年全球一次能源消费增长 2.2%，增速高于 2016 年的 1.2%，为 2013 年以来最快增长，也高于过去十年年均增速（1.7%）。

（2）非化石能源消费量占比持续提升，世界能源消费持续向更清洁低碳能源转型。2017 年全球一次能源消费主要由天然气和可再生能源引领，煤炭在能源消费结构中的占比持续下降。原油、原煤、核电占比分别同比下降 0.2、0.4、0.1 个百分点，天然气、水电和可再生能源占比分别同比上升 0.2、0.1 个和 0.5 个百分点。非化石能源占一次能源消费的比重同比上升 0.3 个百分点。

（3）碳排放在连续三年近零增长后首次出现明显增长。2017 年全球 CO_2 排放量同比增加 1.6%，与 2006—2016 年的年均 1.3%增速相比，明显提高。煤炭消费仍是化石燃料燃烧产生 CO_2 排放的主要来源。

（4）全球能源投资连续第三年回落，但世界经济持续电气化，对电网和可

再生能源的投资支持强劲。由于煤电、水电和核电装机容量增量投资的减少，使发电部门投资下降成为全球能源投资下降的主要原因。但在电网和电池储能方面的投资增加使电力部门连续第二年成为全球能源投资的最大“贡献者”。

2.2 主要国家能源行业发展状况

2.2.1 主要国家能源发展状况

（一）一次能源消费

约80%的能源消费增量来自于发展中国家。中国仍是世界上最大的能源消费国，2017年中国一次能源消费量约44.75亿tce，占世界一次能源消费量的23.2%；美国居第二位，一次能源消费量31.93亿tce，占世界总量的16.5%；印度居第三位，一次能源消费量10.77亿tce，占世界总量的5.6%。2017年世界十大一次能源消费国所占比例如图2-9所示。

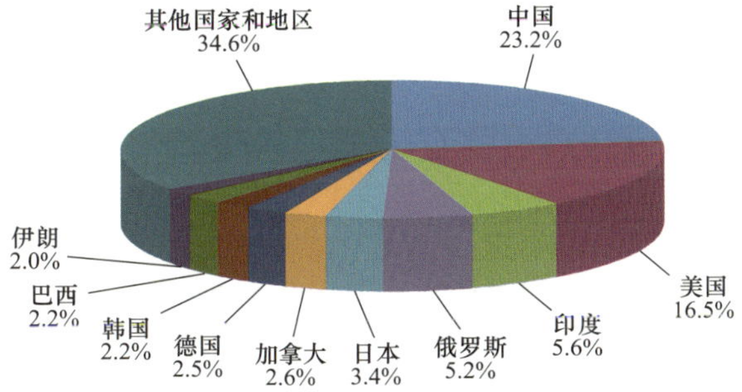

图2-9 2017年世界十大一次能源消费国所占比例

世界十大能源消费国中大部分国家能源消费以油气为主，只有中国和印度以煤炭为主。2017年，中国一次能源消费中原煤占60.4%，石油和天然气合计占26.0%；印度一次能源消费中原煤占56.3%，石油和天然气合计占35.7%；俄罗斯一次能源消费中天然气所占比重较大，为52.3%；美国油气合计比重达到69.3%，日本、加拿大、德国、巴西和韩国也均超过55%；伊朗天然气占比

67.0%，石油占比 30.7%，油气比重高达 97.7%。2017 年世界主要国家一次能源消费结构如图 2-10 所示。

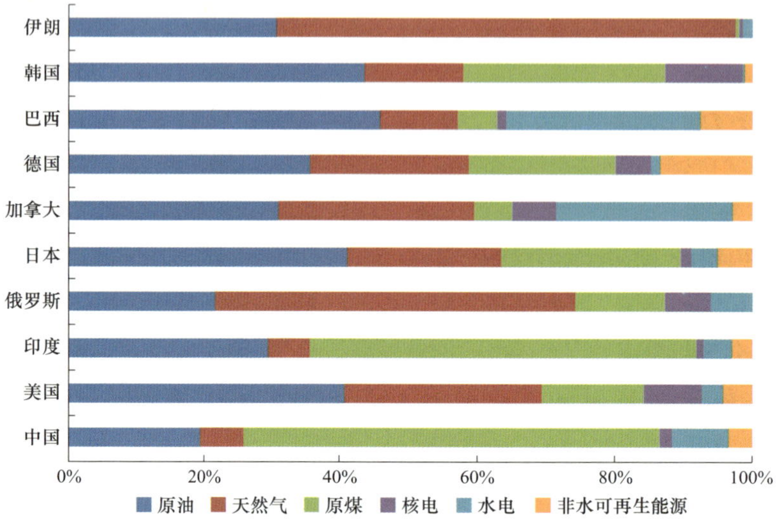

图 2-10　2017 年世界主要国家一次能源消费结构

中国是世界最大的煤炭消费国，煤炭消费量为 27.04 亿 tce，占世界原煤总消费量的 50.7%；煤炭消费增长主要来自印度，OECD 国家煤炭消费连续第四年下降。煤炭消费量降幅最大的仍是美国（降幅 844 万 tce），但降幅明显减少。英国煤炭消费继续下降 19.4%，刷新历史纪录最低值。2017 年世界十大原煤消费国消费量所占比例如图 2-11 所示。

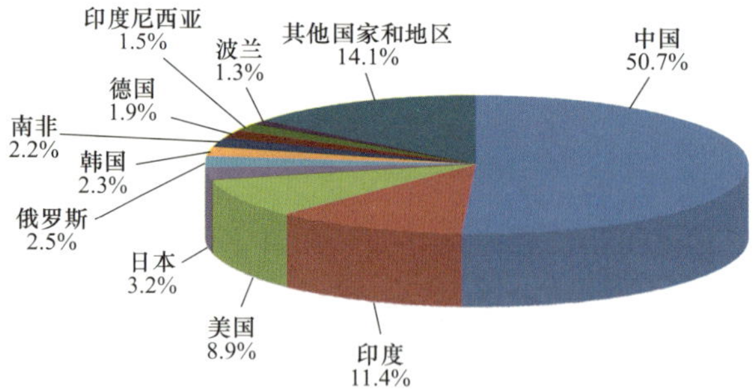

图 2-11　2017 年世界十大原煤消费国消费量所占比例

美国是世界上最大的原油消费国，消费量约 9.13 亿 t，占世界总量的

19.8%；中国原油消费量居世界第二位，约 6.08 亿 t，占世界总量的 13.2%；印度为世界第三大原油消费国，为 2.22 亿 t，占世界总量的 4.8%。2017 年世界十大原油消费国所占比例如图 2-12 所示。

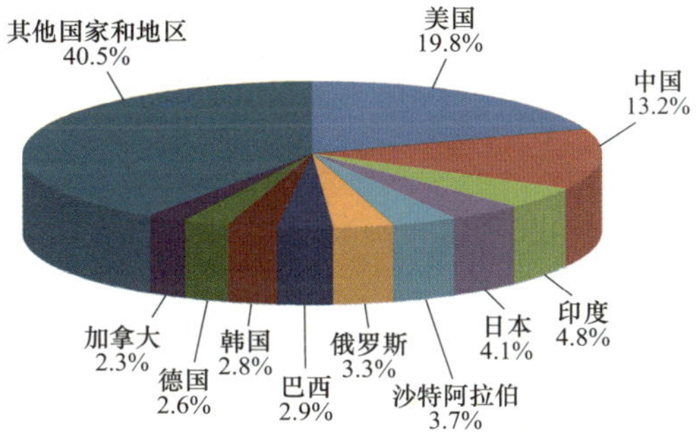

图 2-12　2017 年世界十大原油消费国所占比例

美国是世界上最大的天然气消费国，消费量 7395 亿 m^3，占世界总量的 20.1%；其次为俄罗斯和中国，消费量分别为 4248 亿 m^3 和 2404 亿 m^3。2017 年全球天然气消费增长主要来自中国（310 亿 m^3）、中东（280 亿 m^3）、欧洲（260 亿 m^3）。美国的天然气消费量下降了 1.2%（110 亿 m^3）。2017 年世界十大天然气消费国所占比例如图 2-13 所示。

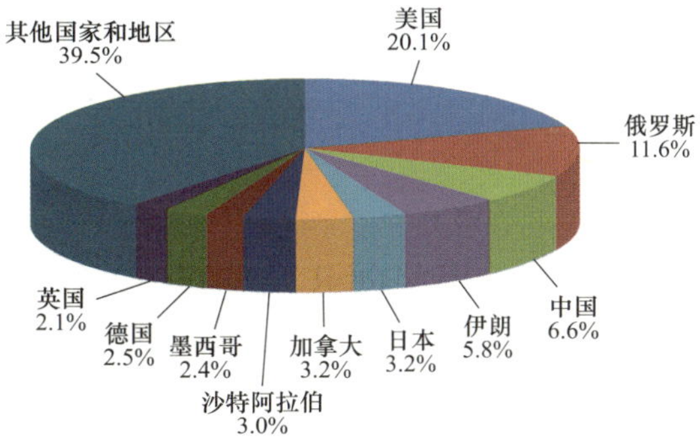

图 2-13　2017 年世界十大天然气消费国所占比例

美国是世界上第一核电大国，核电发电量 8473 亿 kW·h，占世界总量的 32.1%；法国位居第二位，核电发电量 3984 亿 kW·h，占世界总量的 15.1%；中国位居第三，核电发电量 2483 亿 kW·h，占世界总量的 9.4%。2017 年世界十大核电国如图 2 - 14 所示。

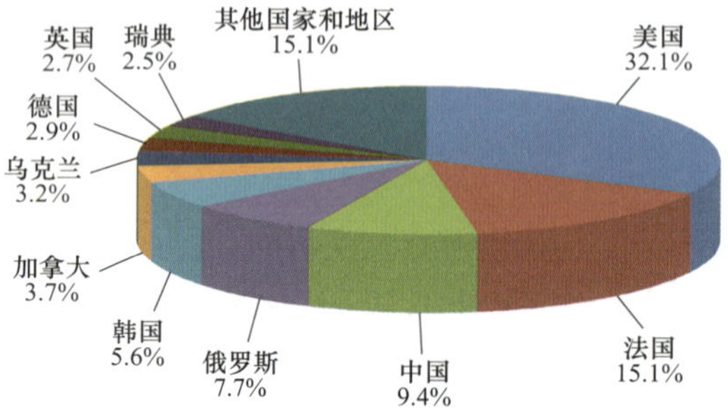

图 2 - 14　2017 年世界十大核电国所占比例

中国是世界第一水电大国，水电发电量 11 558 亿 kW·h，占世界总量的 28.5%；其次是加拿大，水电发电量 3969 亿 kW·h，占世界总量的 9.8%；巴西为世界第三，水电发电量 3695 亿 kW·h，占世界总量的 9.1%。2017 年世界十大水电国所占比例如图 2 - 15 所示。

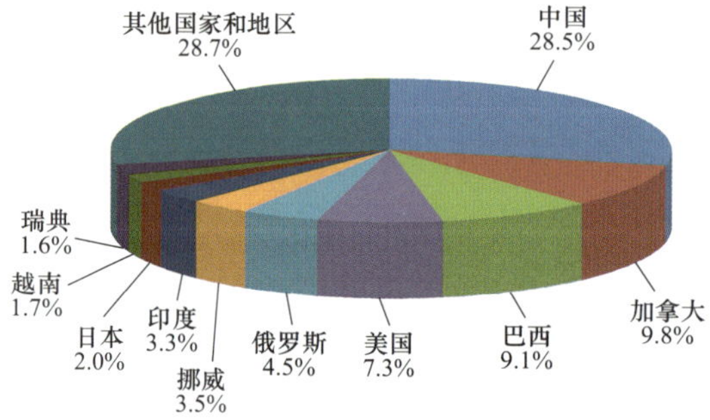

图 2 - 15　2017 年世界十大水电国所占比例

中国超过美国，成为全球最大的非水可再生能源消费国。亚太地区取代欧洲，成为最大的非水可再生能源消费区。2017 年，中国非水可再生能源消费量 1.52 亿 tce，占世界总量的 21.9%，超越美国成为全球第一；美国非水可再生能源消费量 1.35 亿 tce，占世界总量的 19.5%；德国位居第三，非水可再生能源消费量 0.64 亿 tce，占世界总量的 9.2%。2017 年世界十大非水可再生能源消费国所占比例如图 2 - 16 所示。

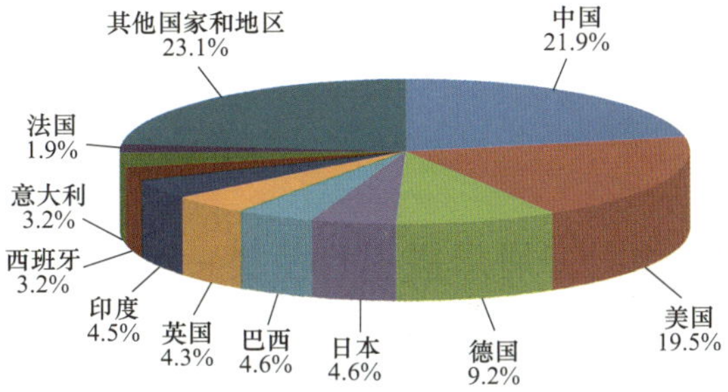

图 2-16　2017 年世界十大非水可再生能源消费国所占比例

（二）终端能源消费

世界十大终端煤炭消费国中，中国终端煤炭消费量 10.15 亿 tce，占世界总量的 68.6%，是世界第一的煤炭消费国；印度为 1.41 亿 tce，占世界总量的 9.5%；日本为 0.31 亿 tce，占世界总量的 2.1%。2016 年世界十大终端煤炭消费国所占比例如图 2-17 所示。

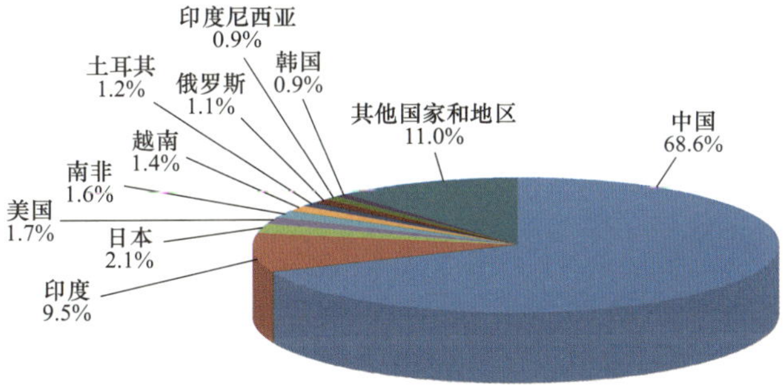

图 2-17　2016 年世界十大终端煤炭消费国所占比例

世界十大终端石油消费国中，美国终端石油消费量最高，达到 10.63 亿 tce，占世界总量的 19.0%；中国为 7.12 亿 tce，占世界总量的 12.7%；日本为 2.14 亿 tce，占世界总量的 3.8%。2016 年世界十大终端石油消费国所占比例如图 2-18 所示。

世界十大终端天然气消费国中，美国终端天然气消费量最高，达到 4.80 亿 tce，占世界的 23.3%；俄罗斯位居世界第二，为 2.15 亿 tce，占世界的 10.5%；中国为 1.63 亿 tce，占世界总量的 7.9%。2016 年世界十大终端天然气消费国所占比例如图 2-19 所示。

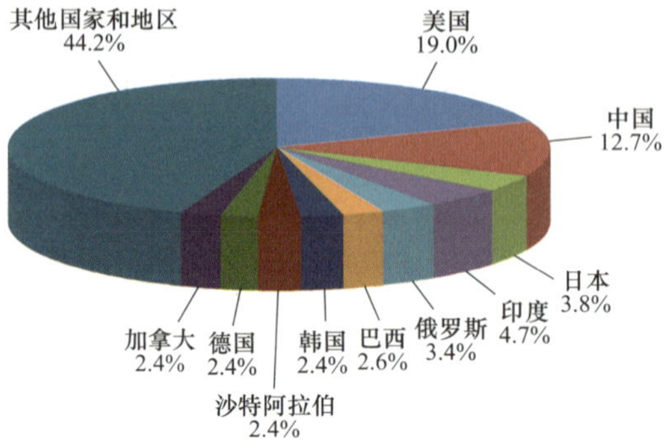

图 2-18　2016 年世界十大终端石油消费国所占比例

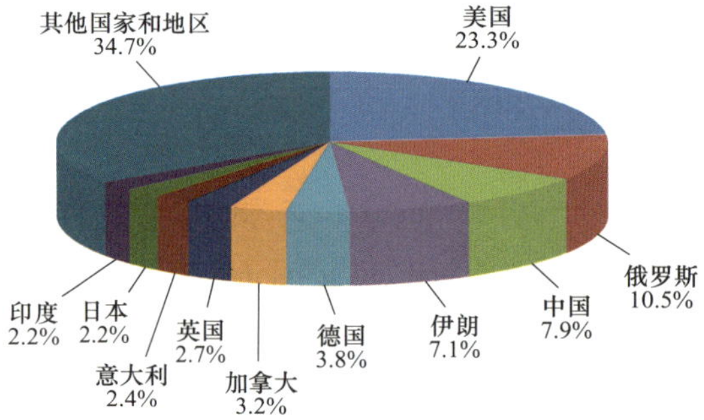

图 2-19　2016 年世界十大终端天然气消费国所占比例

发达国家终端能源消费以油气为主，中国煤炭终端消费在世界能源消费大国中比重最高。加拿大、美国油气在终端能源消费中比重超过 70%。日本、韩国石油在终端能源消费中的比重超过 50%。美国、俄罗斯、德国、加拿大和伊朗天然气在终端能源消费中的比重超过 20%。印度生物质等其他能源利用较多，油气比重仅为 37.5%。中国煤炭终端消费占终端消费总量的 35.9%，远高于其他国家。2016 年世界主要能源消费国终端能源分品种消费结构对比如图 2-20 所示。

（三）能源生产

中国是世界第一大煤炭生产国，2017 年煤炭产量 35.23 亿 t，是继连续三年下降后的首次上升，占世界的比重为 45.6%；其次为印度，产量 7.16 亿 t，占世界的比重为9.3%；美国煤炭产量7.02亿t，占世界的比重为9.1%。2017年世界十大原煤生产国占比如图2-21所示。

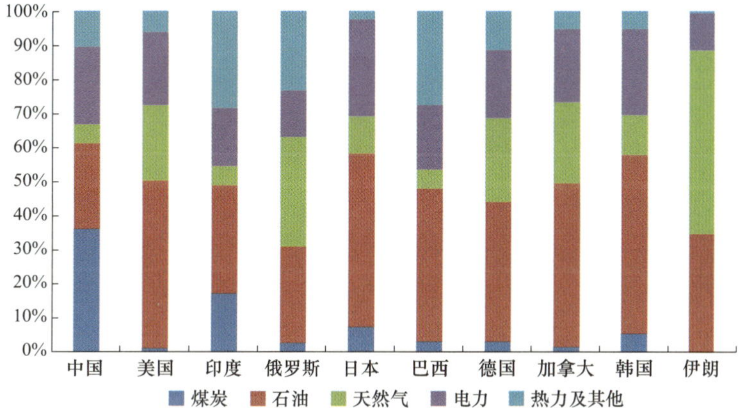

图2-20 2016年世界十大能源消费国终端能源消费分品种构成

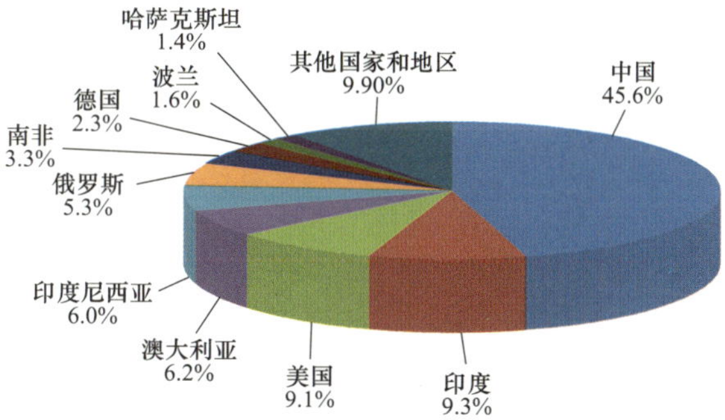

图2-21 2017年世界十大原煤生产国占比

美国取代沙特阿拉伯，成为全球最大石油生产国。石油输出国组织（OPEC）总产量18.60亿t，同比下降0.7%，占世界总量的42.4%。中东石油产量增长主要来自伊朗和伊拉克，沙特阿拉伯石油产量略有下跌；中东以外的其他地区石油产量增长最大的是美国、利比亚和加拿大。2017年世界十大石油生产国所占比例如图2-22所示。

美国是世界最大的天然气生产国。2017年美国天然气产量7345亿m^3，占世界的比重为20.0%；其次是俄罗斯和伊朗，天然气产量分别为6356亿m^3和2239m^3，占世界的比重分别为17.3%和6.1%。2017年，全球各大地区天然气产量均不同程度增长，十大天然气生产国所占比例如图 2-23 所示。

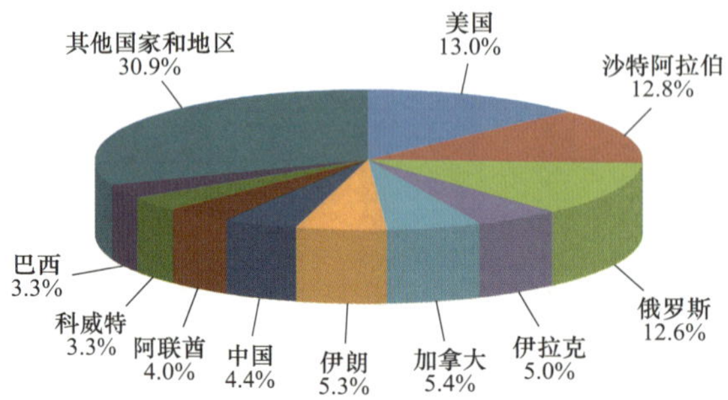

图 2-22　2017 年世界十大石油生产国所占比例

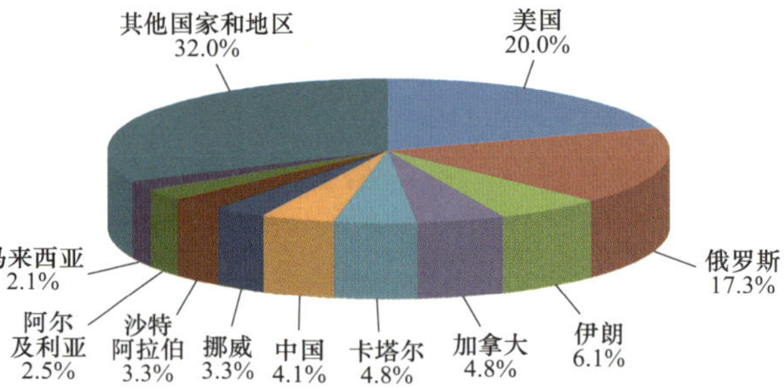

图 2-23　2017 年世界十大天然气生产国所占比例

美国、法国、中国分别为世界前三大核电国。2017 年，美国核电发电量 8473 亿 kW•h，占世界的 32.1%；法国核电发电量 3984 亿 kW•h，占世界的 15.1%；中国核电发电量 2483 亿 kW•h，占世界的 9.4%，是三大国中增幅最高的国家。此外，日本恢复核电，2017 年核电发电量 291 亿 kW•h，增幅达 64.9%。2017 年世界十大核电国所占比例如图 2-24 所示。

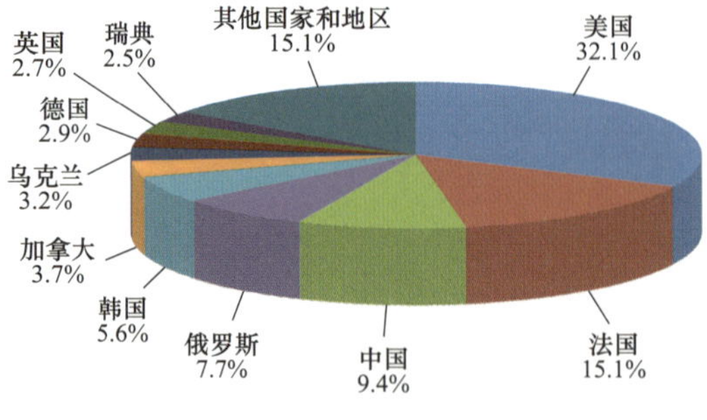

图 2-24　2017 年世界十大核电国所占比例

中国是全球第一水电大国。2017 年，中国水力发电量 11 558 亿 kW•h，已接近北美和欧洲的总和，占世界的比重为 28.5%；前十的水电国中，美国增幅最大，同比增长 12.7%。2017 年世界十大水电国所占比例如图 2 - 25 所示。

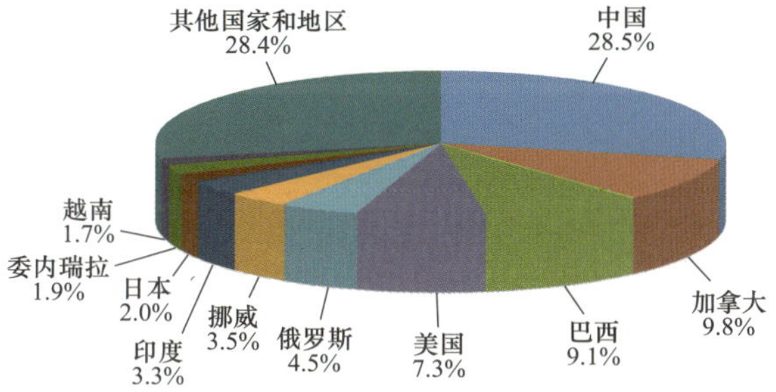

图 2 - 25 2017 年世界十大水电国所占比例

（四）能源贸易

从石油进口量看，欧洲、美国、中国、印度和日本是主要的原油进口国（地区），进口量合计占世界进口总量的 78.1%。欧洲进口量 6.93 亿 t，同比上升 1.6%，占世界石油进口总量的 20.9%，较上年下降了 0.8 个百分点；美国进口量 4.98 亿 t，同上年持平，占世界总量的 15.0%；中国进口量 5.07 亿 t，同比上升 10.9%，占世界石油进口总量的 15.3%；印度进口量 2.45 亿 t，与 2016 年基本持平，占世界石油进口总量的 7.4%。

从石油出口量看，中东、俄罗斯、西非、中南美洲和加拿大是主要的原油出口地区，出口量合计占世界出口总量的 83.5%。中东出口量 11.83 亿 t，同比增长 1.6%，占世界石油出口总量的 35.6%；俄罗斯出口量 4.23 亿 t，同比增长 2.9%，占世界石油出口总量的 12.7%；美国出口量 2.67 亿 t，同比增长 13.6%，占世界石油出口总量的 8.0%。

2017 年部分国家（地区）原油进口和出口情况见表 2 - 2。

美国、中东、俄罗斯、欧洲和新加坡是主要的石油产品出口国（地区），出口量合计占世界出口总量的 69.7%。欧洲、新加坡、美国、中南美洲和中国

是主要的石油产品进口国（地区），进口量合计占世界进口总量的 52.5%。 2017 年部分国家（地区）石油产品进口和出口量见表 2-3。

表 2-2　2017 年部分国家（地区）原油出口和进口情况　亿 t

出口量		进口量	
中东	9.89	欧洲	5.16
俄罗斯	2.77	美国	3.94
西非	2.14	中国	4.22
中南美洲	1.69	印度	2.11
加拿大	1.73	日本	1.63

表 2-3　2017 年部分国家（地区）石油产品出口和进口情况　亿 t

出口量		进口量	
美国	2.21	欧洲	1.77
中东	1.94	新加坡	1.29
俄罗斯	1.45	美国	1.04
欧洲	1.34	中南美洲	1.03
新加坡	0.96	中国	0.84

世界管道天然气主要出口国是俄罗斯、挪威、加拿大、美国和荷兰，合计出口量 5146 亿 m^3，占世界总量的 69.5%。管道天然气主要进口国是德国、美国、意大利、土耳其和墨西哥，合计进口量 3142 亿 m^3，占世界总进口量的 42.4%。LNG 主要出口国是卡塔尔、澳大利亚、印度尼西亚、美国和俄罗斯，合计出口量 2339 亿 m^3，占世界出口总量的 59.5%。LNG 主要进口国家（地区）是日本、中国、韩国、印度和西班牙，合计进口量 2602 亿 m^3，占世界进口总量的 66.1%。 2017 年世界主要天然气出口和进口国家情况见表 2-4。

表 2-4　2017 年世界主要天然气出口和进口国家情况　亿 m^3

出　口		进　口	
国家（地区）	出口量	国家（地区）	进口量
俄罗斯	2310	日本	1139

续表

出口		进口	
国家（地区）	出口量	国家（地区）	进口量
卡塔尔	1218	德国	948
挪威	1149	中国	920
美国	834	美国	829
加拿大	807	意大利	622
阿尔及利亚	530	土耳其	536
荷兰	441	韩国	513

部分国家2017年净进口和交换电量如图2-26所示。

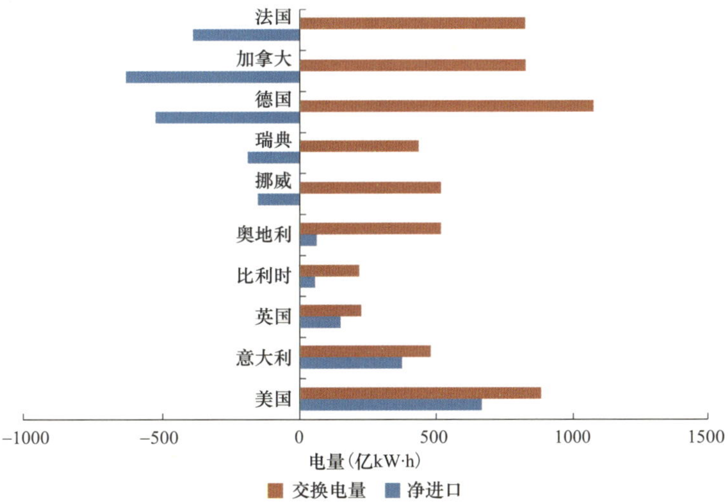

图2-26 部分国家2017年电力净进口量和交换电量

2017年主要电力进口国有美国、意大利、英国、比利时和奥地利，净进口电量在60亿～667亿kW•h之间；**主要电力出口国有法国、加拿大、德国、瑞典和挪威，**净出口电量在153亿～634亿kW•h之间；**交换电量较大的国家有德国、美国、加拿大和法国，**交换电量在833～1081亿kW•h之间。在2016年到2017年的时间里，土耳其从净进口国转变为净出口国，拉脱维亚从净出口国转变为净进口国。

2017年，美国电量进出口总量下降了1.5%。欧洲2017年进口电量增长了

0.9%，出口电量增长了4.8%。德国再次成为欧洲区域最大的电力出口国，净出口电量超过500亿kW·h，法国依然是电力净出口国，净出口电量超过390亿kW·h。

（五）能源环境

中国碳排放在连续两年下降后首次增加，美国仍是全球减排量最大的国家。美国CO_2减排0.42亿t，同比下降0.5%；中国CO_2在连续两年下降后排放增加1.19亿t，带来全球最大的排放增量，同比上涨1.6%；俄罗斯CO_2排放增加0.15亿t，同比上升1.3%；英国、日本延续了下降趋势，分别减排0.12亿t和0.04亿t。欧盟CO_2排放量增加0.42亿t，同比增长1.5%，已连续三年排放量增加。

美国主要污染物排放量持续下降。2017年美国NO_x排放量1078万t，同比下降4.7%；SO_2排放总量282万t，同比下降4.7%；CO排放总量6011万t，同比下降3.0%。2010—2017年美国主要污染物排放情况见表2-5。

表2-5　2010—2017年美国主要污染物排放情况　万t

污染物	2010年	2011年	2012年	2013年	2014年	2015年	2016年	2017年
CO	7377	7376	7180	6983	6565	6457	6196	6011
SO_2	773	648	508	487	468	369	296	282
NO_x	1485	1452	1388	1324	1260	1185	1131	1078

数据来源：美国环保部，National Emissions Inventory Air Pollutant Emissions Trend Data，2018.

发展中国家可吸入颗粒物（PM2.5）浓度是发达国家的4～8倍。美国、日本、德国、法国、英国、加拿大等发达国家2016年PM2.5浓度均低于20μg/m³。中国PM2.5浓度达到56.3μg/m³；印度为75.8μg/m³。2010—2016年世界主要国家大气中可吸入颗粒物（PM2.5）浓度见表2-6。

表2-6　2010—2016年世界主要国家大气中可吸入颗粒物（PM2.5）浓度　μg/m³

国家	2010年	2011年	2012年	2013年	2014年	2015年	2016年
美国	8.6	8.6	8.7	8.5	8.5	9.2	9.2
中国	58.2	57.1	57.3	56.8	57.9	56.4	56.3

续表

国家	2010 年	2011 年	2012 年	2013 年	2014 年	2015 年	2016 年
日本	12.3	11.8	12.0	12.4	12.9	13.1	13.2
德国	13.7	13.7	13.3	13.7	13.9	13.5	13.5
法国	12.2	12.2	12.3	12.3	12.3	11.9	11.9
巴西	11.0	11.5	11.2	11.4	11.3	12.6	12.7
英国	11.8	11.8	12.1	12.0	12.1	11.5	11.5
意大利	14.7	14.4	14.6	16.6	17.9	15.6	15.5
加拿大	11.0	11.5	11.2	11.4	11.3	12.6	12.7
俄罗斯	16.6	16.1	15.5	16.0	16.3	15.5	15.5
印度	64.6	63.9	66.1	69.0	71.6	75.6	75.8
西班牙	9.7	9.7	9.8	9.7	9.7	10.0	10.0

数据来源：世界银行（WB）数据库。

2.2.2 中国能源发展状况及特点

2017 年中国占全球一次能源消费量的 23.2%和全球能源消费增长的 33.6%，连续 17 年稳居全球能源增长榜首。2017 年，中国一次能源消费增长 3.1%，比 2016 年的 1.2%提高了 1.9 个百分点，是过去 3 年增速的 2～3 倍。尽管如此，2017 年中国能源消费增速仍明显低于过去十年年均增速（4.4%）。

中国化石能源消费增长主要由天然气（+15%）和石油（+3.9%）引领，在连续三年下降后，煤炭消费出现反弹（+0.5）。中国天然气消费增长 15%，为自 2012 年以来最大年度增幅。在连续三年下降后，中国煤炭消费重现 0.5%的增长。虽然能源消费结构持续改进，煤炭仍是中国能源消费中的主要燃料，煤炭在中国能源结构中的占比由十年前的 73.6%和 2016 年的 62.0%下降到 2017 年的 60.4%，创历史新低。

中国可再生能源消费增长 31%，占 2017 年全球增长份额超过 1/3（36%）。2017 年，中国可再生能源消费占全球总量的 21.9%。其中，太阳能消费增长最快（+76%），其次是生物质能（+25%）和风能（+21%），水电仅增长了

0.5%，为 2012 年以来最低增速。

2017 年，中国煤炭和天然气产量分别增长 3.6%和 8.5%，石油产量下降 3.8%。石油产量下降 15.3 万桶/日，至 380 万桶/日，相比 2016 年的降幅 31 万桶/日，降幅同比显著收窄。天然气产量增长 110 亿 m^3（+8.5%），至 1490 亿 m^3。

全球核能生产的增长全部来自中国。2017 年，中国核电增长 17%，高于过去十年间 15%的年均增速。

中国仍是全球二氧化碳排放总量和年度增量最大的国家。二氧化碳排放量在连续两年下降后首次增长，增速为过去十年间年均增速（+3.2%）一半。中国 CO_2 排放量在连续两年下降后首次增长 1.19 亿 t，带来全球最大的排放增量，同比上涨 1.6%。

中国电力烟尘、SO_2 和 NO_x 排放量大幅下降。2016 年，全国电力烟尘排放量约为 35 万 t，比上年下降约 12.5%；全国电力 SO_2 排放量约为 170 万 t，同比下降 15.0%。单位火电发电量 SO_2 排放量为 0.39g/（kW•h），同比下降 0.08g/（kW•h）。电力 NO_x 排放约 155 万 t，同比下降 13.9%；单位发电量 NO_x 排放量约 0.36 克，同比下降 0.07 克。

2017 年，全国 388 个地级以上城市 PM2.5 年均浓度范围为 10～86μg/m^3，平均为 43μg/m^3，比 2016 年下降 6.5%；PM10 浓度范围为 23～154μg/m^3，平均为 75μg/m^3，比 2016 年下降 5.1%。PM2.5 日均值超标天数占监测天数的比例为 12.4%；PM10 日均值超标天数占监测天数的比例为 7.1%。2017 年我国 388 个地级以上城市可吸入颗粒物不同浓度区间城市比例如图 2-27 所示。

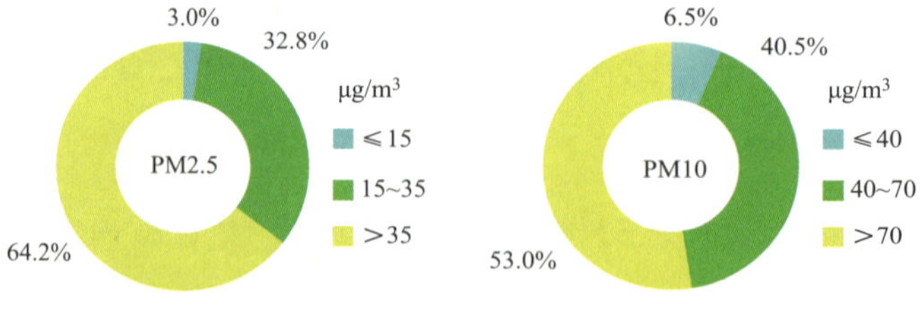

图 2-27　2017 年我国 388 个地级以上城市可吸入颗粒物不同浓度区间城市比例

数据来源：2017 中国环境状况公报。

2.3 能源发展关键指标

2.3.1 人均一次能源消费量

发达国家人均一次能源消费量和发展中国家差距仍然明显。 2016年，世界人均一次能源从消费量为2.65tce，略低于2015年的2.66tce，1980—2016年年均增长0.4%。OECD国家人均一次能源消费量为5.86tce，1980—2016年年均增速为负；非OECD国家人均一次能源消费量为1.88tce，1980—2016年年均增长1.3%。

在世界能源消费大国中，加拿大人均一次能源消费量最高，为11.34tce；美国、韩国和俄罗斯仅次于加拿大，分别为9.37、8.19、7.25tce；德国、法国、日本在4～6tce之间；印度人均水平较低，仅为0.93tce。中国人均为3.06tce，仅为美国的三分之一。2016年世界主要国家人均一次能源消费量如图2-28所示。

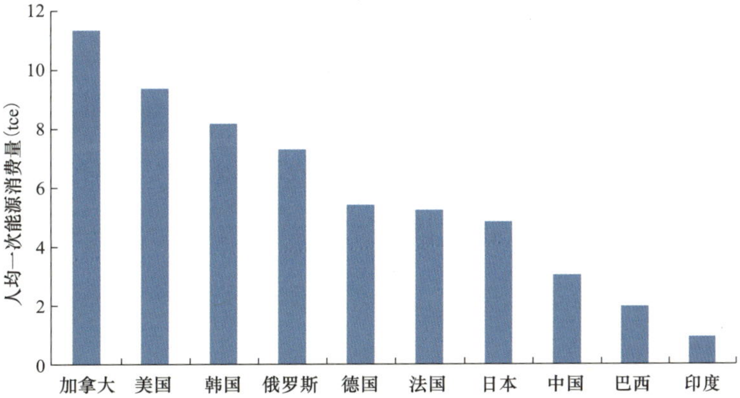

图2-28 2016年世界主要国家人均一次能源消费量

2.3.2 能源对外依存度

由于能源资源禀赋、能源消费、能源战略等不同，各国能源对外依存度也存在较大差异[1]。**总体来看，发达国家能源对外依存度高于发展中国家**。在世界十大能源消费国中，俄罗斯、加拿大是能源净出口国家，对外依存度为负；巴西、美国、中国能源对外依存度分别为 0.8%、7.9%和 19.8%，但近两年来，巴西、美国的能源对外依存度呈下降趋势，而中国呈上升趋势；印度能源对外依存度为 36.5%；法国、德国、韩国、日本能源对外依存度均超过 50%；日本对外依存度最高，超过 90%。2016 年世界主要国家能源对外依存度如图 2-29 所示。

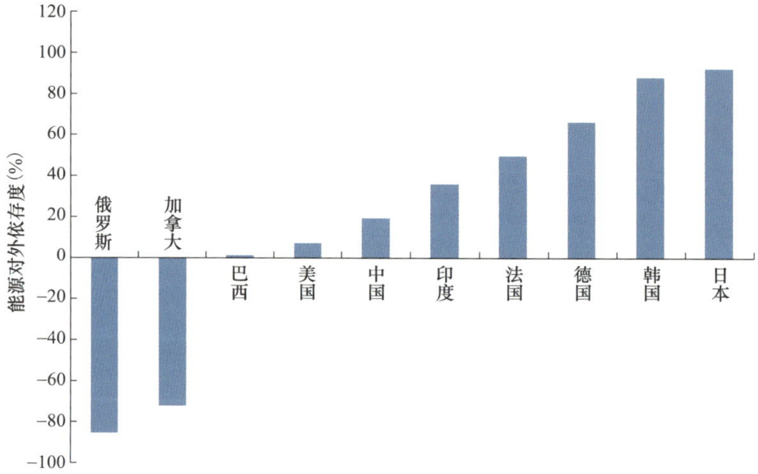

图 2-29　2016 年世界主要国家能源对外依存度

2017 年中国油气资源的对外依存度继续攀升，石油对外依存度达到 67.4%，为历史最高值。2017 年，中国国内石油净进口量约为 3.96 亿 t，同比增长 10.8%，增速比上年高 1.2 个百分点。国内原油产量连续两年下降，估计全年产量 1.92 亿 t，同比下降 3.1%，较上年的降幅收窄 4.3 个百分点。2017 年，石油对外依存度达到 67.4%，较上年上升 3%。原油消费持续中速增长，全年原油表观消费量为 6.10 亿吨，同比增长 6.0%，增速较上年扩大 0.5 个百分点。

[1] 能源对外依存度＝能源净进口量/能源消费量。

2.3.3 单位产值能耗

2016 年世界单位产值能耗为 0.254tce/千美元（按汇率计算，2010 年美元不变价，下同），与 2015 年相比略有下降。发达国家单位产值能耗普遍低于发展中国家。OECD 国家单位产值能耗为 0.149tce/千美元，非 OECD 国家为 0.419tce/千美元。

在世界能源消费大国中，俄罗斯能源资源丰富，且供暖能源消耗较多，因而单位产值能耗最高，为 0.643tce/千美元。发达国家中，法国、德国、日本单位产值能耗最低，仅为 0.1tce/千美元左右。韩国相对较高，为 0.313tce/千美元，略高于世界平均水平。2016 年世界主要国家单位产值能耗如图 2-30 所示。

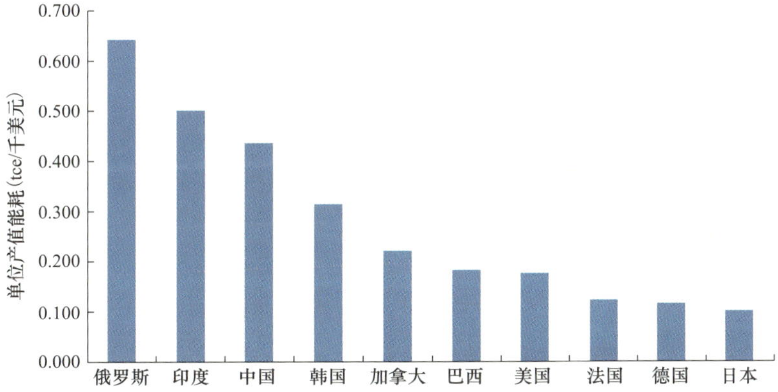

图 2-30　2016 年主要国家单位产值能耗

中国单位产值能耗是全球平均水平的 1.7 倍，是发达国家的 3 倍左右，但是下降速度最快的国家之一。2016 年中国单位产值能耗 0.434tce/千美元，是全球平均水平的 1.7 倍左右。与发达国家相比，法国、德国、日本等国的单位产值能耗仅为 0.1tce/千美元左右，存在明显差距。2006—2016 年，随着技术进步和产业结构调整，中国单位产值能耗水平快速下降，十年间单位产值能耗下降超过 30%，是全球能源消费大国中下降速度最快的国家之一，与德国、日本、美国等全球先进水平的差距日益缩小。

2.3.4 碳排放强度

2016 年世界碳排放强度为 0.443kg CO_2/美元，与 2015 年相比下降 5.2%。OECD 国家碳排放强度为 0.23kg CO_2/美元，同比下降 0.02kg CO_2/美元。非 OECD 国家碳排放强度为 0.77kg CO_2/美元，同比下降 0.01kg CO_2/美元。非 OECD 国家的碳排放强度仍是 OECD 国家的近 3 倍。2016 年世界主要国家（地区）单位产值 CO_2 排放量如图 2-31 所示。

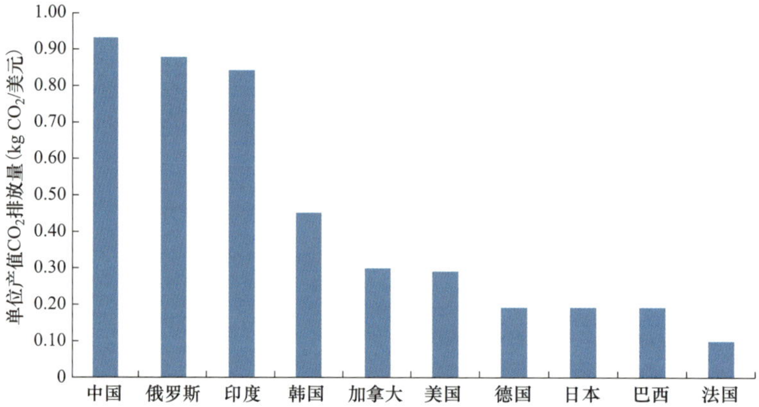

图 2-31　2016 年世界主要国家碳排放强度

在全球能源消费大国中，中国碳排放强度最高，是全球平均水平的 2 倍多，与全球先进水平差距明显。其次为俄罗斯、印度和韩国，单位产值 CO_2 排放量分别为 0.88kg CO_2/美元、0.84kg CO_2/美元和 0.45kg CO_2/美元；德国、日本、巴西均约为 0.19kg CO_2/美元，低于世界平均水平的 1/2；法国最低，仅为 0.10kg CO_2/美元。

中国碳排放强度十年间下降了近三分之一。2006 年，中国碳排放强度高达 1.45kg CO_2/美元，是德国、日本的 7 倍，是美国的 4 倍。2016 年，中国碳排放强度下降到 0.93kg CO_2/美元，十年间下降了超过 30%，是碳排放强度下降幅度最大的国家，中国与德国、日本、美国等发达国家碳排放强度的差距而也在十年间缩小了一半以上。

3

国内外电力发展状况分析

3.1 世界电力行业发展状况

3.1.1 电力消费

2017 年，世界电力消费量约为 21.6 万亿 kW·h，同比增长 3.4%。根据 Global Data 统计，2017 年世界电力消费量约为 21.6 万亿 kW·h，同比增长 3.4%，增速较 2016 年上涨 1.3 个百分点。2000—2017 年世界电力消费量变化情况如图 3-1 所示。

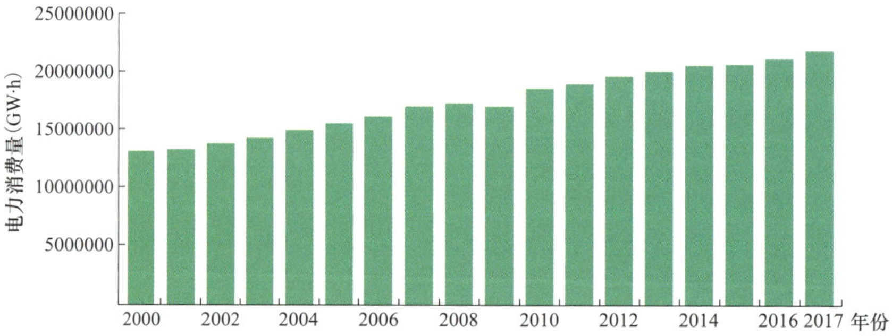

图 3-1 2000—2017 年世界电力消费量变化情况

2017 年，发达国家电力消费持续回升，同比增长 0.6%。据 IEA 快报统计[1]，2017 年 OECD 国家电力消费量为 10.54 万亿 kW·h，同比增长 0.6%。其中，加拿大电力消费量为 6046 亿 kW·h，同比增长 6.0%；意大利为 3219 亿 kW·h，同比增长 3.2%；德国为 5757 亿 kW·h，同比增长 2.5%；韩国为 5761 亿 kW·h，同比增长 1.6%；法国为 4969 亿 kW·h，同比增长 1.2%；日本为 10 328 亿 kW·h，同比增长 0.9%；英国为 3421 亿 kW·h，同比增长 0.7%；美国为 41 265 亿 kW·h，同比下降 1.3%。

[1] 采用 IEA 快报数中的国内供电量，含线损，不含厂用电，与 IEA 电力消费量定义有所区别。

世界电力消费以工业用电为主。2016年，世界电力消费仍以工业用电为主，约占总用电量的42.1%，其次为居民生活用电，约占27.1%，商业服务业用电占22.2%，交通用电占2.1%，农业渔业占2.9%，其他占3.6%，如图3-2所示。

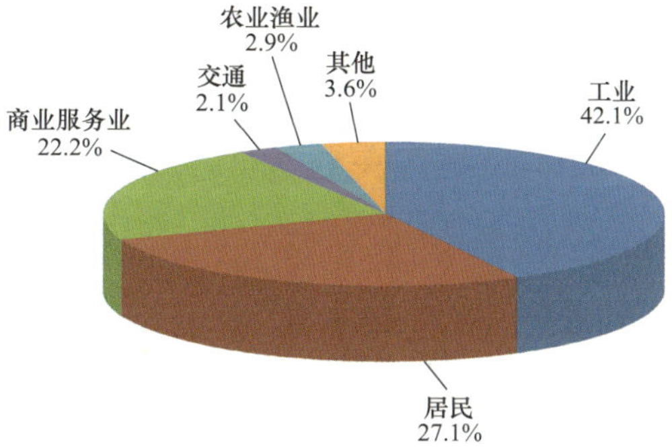

图3-2 2016年世界电力消费分行业构成

3.1.2 电力生产

一、装机容量

2017年世界发电装机同比增长4.3%，达67.9亿kW，仍以火电为主。其中，火电装机40.8亿kW，占60.1%；水电装机12.2亿kW，占18.0%；非水可再生能源装机10.9亿kW，占16.1%；核电装机3.9亿kW，占5.8%。

世界电源结构进一步向低碳方向发展。2000—2017年，世界火电装机占总装机的比重下降5.7个百分点，核电比重下降4.2个百分点，水电比重下降4.5个百分点，风电等非水可再生能源发电比重增加14.3个百分点。

全球风电装机持续增长。2017年，全球风电装机5.46亿kW，同比增长11%。分区域看，亚太地区风电装机2.36亿kW，占43.3%；欧洲1.79亿kW，占33.1%；北美1.06亿kW，占19.5%。分国家看，中国风电装机1.64亿kW[1]，位居全球第一；其次为美国，约8990万kW；德国位居第

[1] 中国装机、发电量数据来自中电联，下同。

三，约 5592 万 kW。

全球太阳能光伏发电新增装机容量 0.96 亿 kW，达到创纪录的水平。与 2016 年相比，太阳能光伏发电装机总量增加了 32%，累计达到 4 亿 kW。光伏发电新增装机容量大于燃煤发电、天然气发电和核电净增装机容量之和。中国太阳能光伏发电装机 13 025 万 kW，位居全球第一；美国太阳能光伏发电装机 5110 万 kW，位居第二；日本位居第三，为 4975 万 kW。

二、发电量

2017 年全球发电量约 23.9 万亿 kW·h，同比增长 2.9%。从发电量结构看，火电、水电、核电、非水可再生能源发电量分别占总发电量的 64.7%、15.7%、10.5%和 9.1%，如图 3-3 所示；火电、核电、水电发电量比重同比分别下降 0.6、0.4、0.1 个百分点，非水可再生能源发电量比重增加 1.1 个百分点。

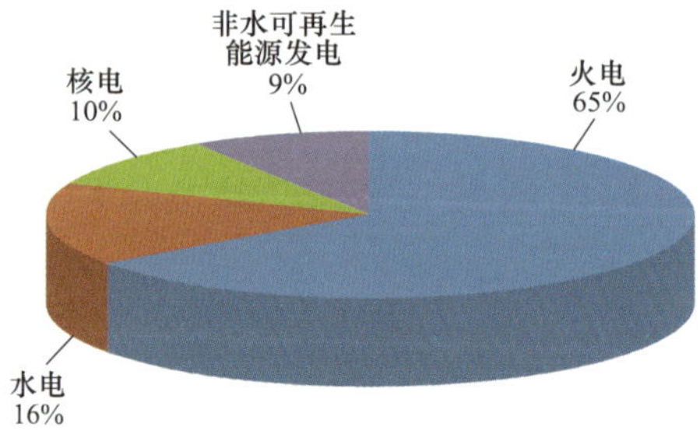

图 3-3　2017 年全球发电量构成

非水可再生能源发电量历史增幅最大。IEA 对月度数据的评估显示，2017 年，OECD 国家地热、太阳能、风能和其他可再生能源的发电量为 10 303 亿 kW·h，如图 3-4 所示。较 2016 年增长 1472 亿 kW·h，同比增长 16.7%。这是目前为止这一领域取得的最大增幅。而水力发电量仅小幅增长 0.5%。可燃性燃料和核能发电量分别下降 1%和 0.8%。2017 年 OECD 国家分燃料类型发电量占比如图 3-5 所示。

分区域看，OECD 国家发电量普遍增长。经合组织亚太区域增长 171 亿 kW·h，

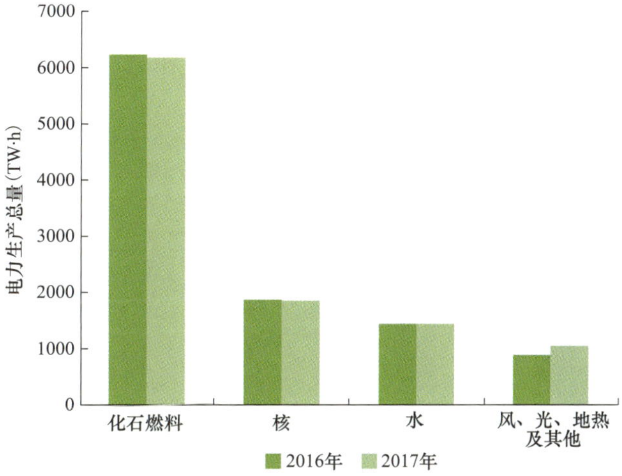

图 3-4　OECD 国家分燃料类型电力生产总量

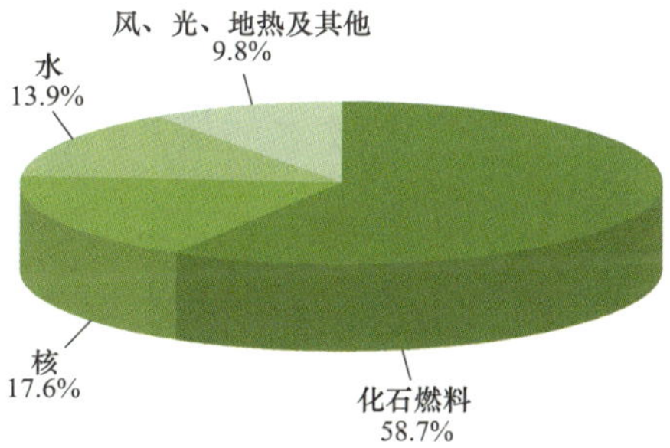

图 3-5　2017 年 OECD 国家分燃料类型发电量占比

同比增长 19.4%；经合组织欧洲区域增长 647 亿 kW·h，同比增长 14.9%；经合组织美洲区域增长最多，为 653kW·h，同比增长 18.2%。对增长贡献最大的 5 个经合组织国家分别为美国、德国、日本、英国和加拿大。

3.1.3　发电成本

一、化石能源

（一）煤电

2017 年，全球煤电项目单位千瓦平均投资成本为 949 美元/kW[1]。2010—

[1] 数据来源：GlobalData，下同。

2017 年，全球煤电成本从 991 美元/kW 下降到 949 美元/kW，除 2011 和 2012 年较低外，其余年份基本持平。2010—2017 年煤电项目单位千瓦投资成本变化情况如图 3 - 6 所示。

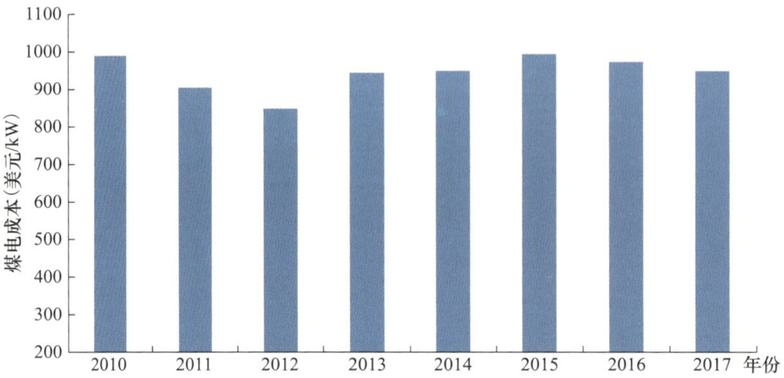

图 3 - 6　2010—2017 年全球煤电成本变化趋势

分地区来看，各地区 2017 年煤电成本与 2016 年相比降幅很小。美洲地区煤电成本为 1915 美元/kW，其中阿根廷、智利、美国煤电成本较高，均超过 2000 美元/kW；非洲、欧洲和中东地区煤电成本为 2206 美元/kW，其中英国、丹麦成本均较高，超过 2600 美元/kW，德国、法国在 2100～2200 美元/kW 左右，意大利、南非低于 2100 美元/kW；亚太地区煤电成本较低，为 1338 美元/kW 左右，其中中国最低，为 670 美元/kW，日本最高，超过 2700 美元/kW。

（二）油电

2017 年，全球油电项目单位千瓦平均投资成本为 801 美元/kW。2010—2017 年，全球油电成本从 923 美元/kW 下降到 801 美元/kW，2017 年达到最低水平，2011 年最高，达到 962 美元/kW。2010—2017 年油电项目单位千瓦投资成本变化情况如图 3 - 7 所示。

分地区来看，美洲地区油电成本较低，约为 900 美元/kW，其中墨西哥最高，超过 1300 美元/kW，美国、加拿大其次，均超过 900 美元/kW；非洲、欧洲和中东地区油电成本为 1036 美元/kW，其中英国最高，接近 2000 美元/kW，爱尔兰、俄罗斯也在 1400 美元/kW 左右；亚太地区油电成本约为 939 美元/kW

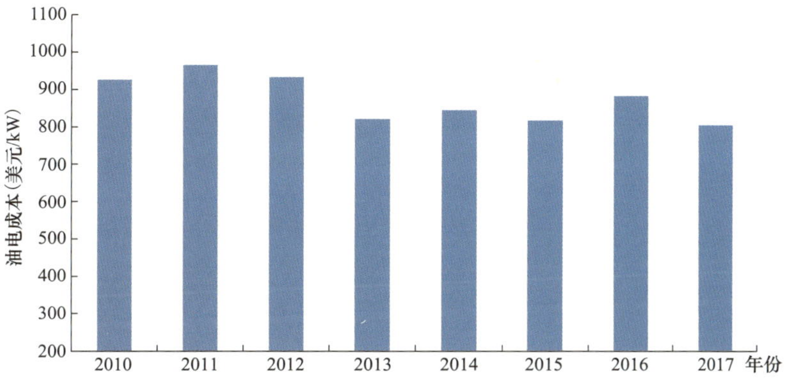

图 3-7　2010—2017 年全球油电成本变化趋势

左右，其中中国最低，为 696 美元/kW，日本最高，超过 1200 美元/kW。

（三）气电

2017 年，全球气电项目单位千瓦平均投资成本为 1045 美元/kW。2010—2017 年，全球气电成本波动下降，从 1125 美元/kW 下降到 1045 美元/kW，2017 年最低，2012 年最高。2010—2017 年气电项目单位千瓦投资成本变化情况如图 3-8 所示。

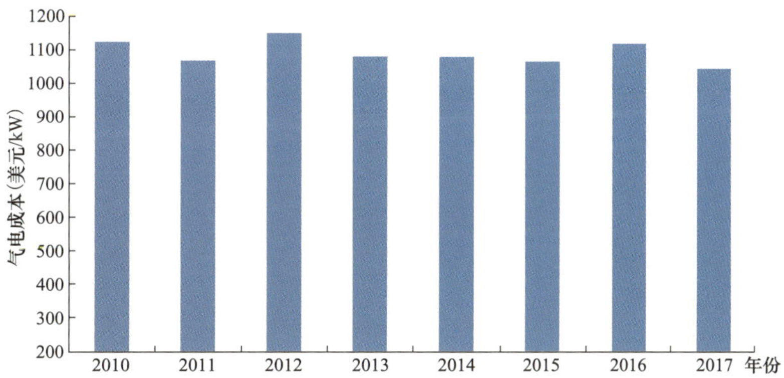

图 3-8　2010—2017 年全球气电成本变化趋势

分地区来看，美洲地区气电成本为 1206 美元/kW，其中加拿大最高，超过 1590 美元/kW，巴西、美国其次，均超过 1400 美元/kW，阿根廷、墨西哥较低，均低于 1000 美元/kW；非洲、欧洲和中东地区气电成本为 1192 美元/kW，其中尼日利亚和保加利亚最高，超过 1900 美元/kW，伊朗、意大利、瑞典最低，均低于 800 美元/kW；亚太地区气电成本较低，为 961 美元/kW 左右，其中中国最低，为 646 美元/kW，日本最高，超过 1500 美元/kW。

二、非化石能源

全球非化石能源发电项目中，光热发电项目单位千瓦造价最高，2017 年约为 6333 美元/kW；水电项目单位千瓦造价最低，约为 1460 美元/kW。非水可再生能源发电项目中，光伏发电和陆上风电项目单位千瓦造价最低，分别为 1548 美元/kW 和 1670 美元/kW。核电项目单位千瓦造价约为 2817 美元/kW。生物燃料发电、地热发电、海上风电项目单位千瓦造价在 3500～4500 美元/kW 之间。各类型非化石能源发电项目 2010—2017 年单位千瓦造价变化趋势如图3-9所示。

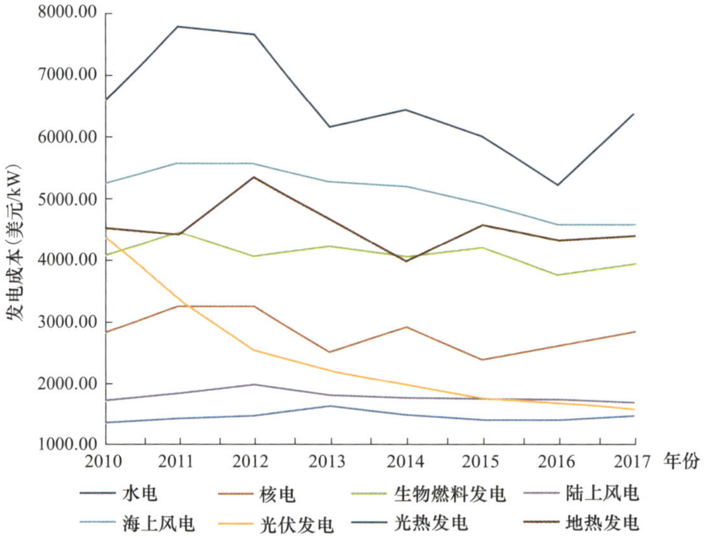

图 3-9　2010—2017 年全球非化石能源发电成本变化趋势

从图 3-9 可以看出，2010—2017 年间，单位千瓦造价降幅最大的是光伏发电项目，从 2010 年的 4337 美元/kW 下降到 2016 年的 1548 美元/kW，下降了 64%。水电、陆上风电、生物燃料项目造价变化比较平稳，光热、核电、海上风电项目呈波动下降趋势，光热发电项目波动幅度最大，与不同技术类型及规模效应有关。

3.1.4 电网发展

一、欧洲互联电网

欧洲互联电网（ENTSO－E，简称欧洲电网）包括欧洲大陆、北欧、波罗的海、英国、爱尔兰五个同步电网区域，此外还有冰岛和塞浦路斯两个独立系统。欧洲电网东部与俄罗斯、白俄罗斯、乌克兰、摩尔达维亚互联，南部与阿尔巴尼亚互联，东南部与土耳其互联，西南部与非洲摩洛哥互联。截至2017年底，欧洲电网220kV及以上输电线路总长度约32.02万km，电网总装机容量约11.52亿kW，发电量3.68万亿kW·h，用电量约3.63万亿kW·h。各成员国间交换电量约为4673亿kW·h，达到用电量的12.9%，同比提高了0.1个百分点。ENTSO－E覆盖欧洲国家示意如图3－10所示。

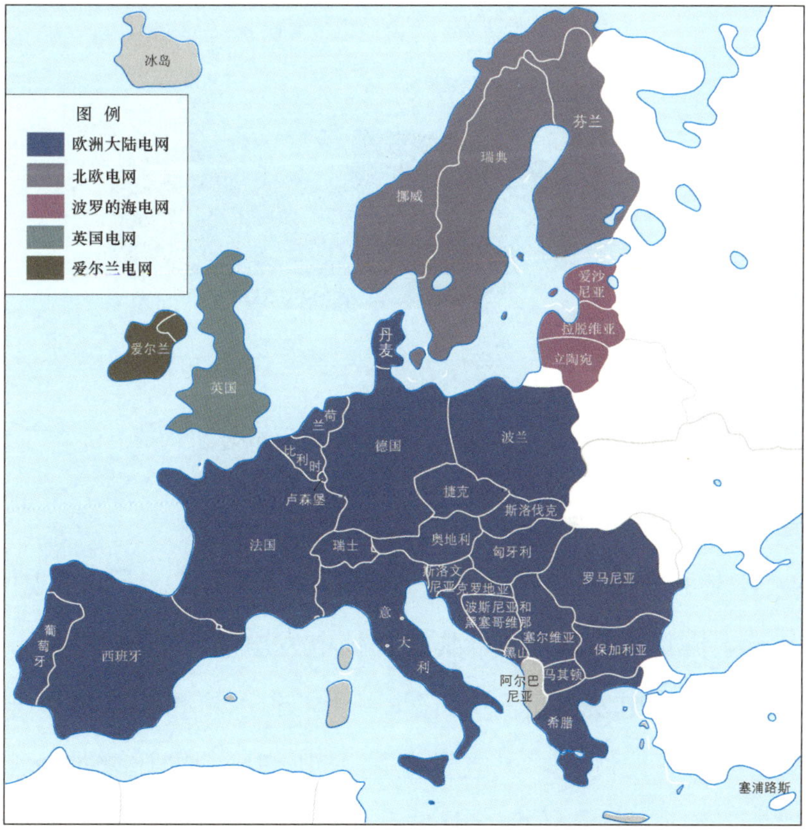

图3－10 ENTSO－E覆盖的欧洲国家示意

注：图片资料来自ENTSO－E网站。

（一）装机容量

欧洲电网发电装机同比增加 1.4%。2017 年，欧洲电网发电装机容量达到 11.52 亿 kW，同比增加 1.4%。其中，核电装机容量 1.22 亿 kW，火电装机 4.65 亿 kW，水电装机 0.24 亿 kW，非水可再生能源发电装机达 3.21 亿 kW，其中风电装机 1.73 亿 kW，太阳能发电装机 1.10 亿 kW。

欧洲电网装机以化石能源发电为主，占总装机容量的 40%。2017 年，欧洲电网火电装机占比最高，约占 40.3%，其次为水电，约占 20.6%，陆上风电约占 13.9%，核电约占 10.6%，太阳能光伏发电约占 9.4%。2017 年 ENTSO－E 发电装机构成如图 3－11 所示。

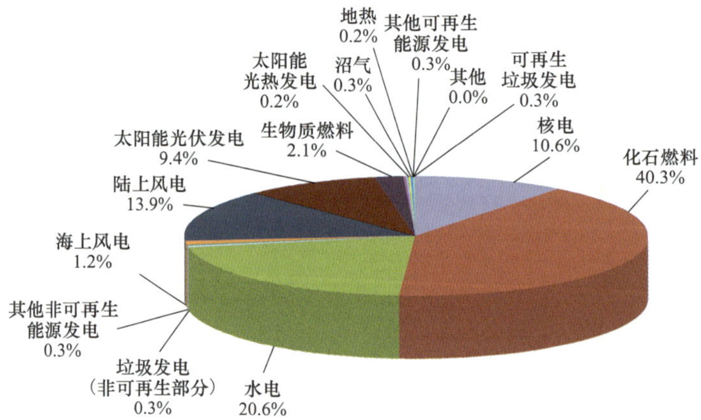

图 3－11　2017 年 ENTSO－E 发电装机构成

（二）电力生产与消费

ENTSO－E 发电量同比小幅增长。2017 年，ENTSO－E 成员国总发电量为 36 763 亿 kW·h，同比增长 1.1%。其中，核电发电量 8080 亿 kW·h，火电发电量 15 782 亿 kW·h，水电发电量 5913 亿 kW·h，非水可再生能源发电量 6653 亿 kW·h。从发电量构成比例看，火电发电量占 42.9%，同比增加 0.7 个百分点；核电占 22.0%，同比下降 0.4 个百分点；水电占 16.1%，同比下降 1.6 个百分点；风电等非水可再生能源发电占 18.1%，同比上升 2 个百分点。

ENTSO－E 非水可再生能源发电量占比大幅提高。2010－2016 年，ENTSO－E 火电占比从 48.8%下降到 42.9%，下降 5.9 个百分点；核电占比从 26.3%下降到 22.0%，下降 4.3 个百分点；水电占比从 17.1%下降到 16.1%，下降了 1 个百分点；非水可再生能源占比从 7.7%增加到 18.1%，增加 10.4 个百分点。

ENTSO－E 电力消费量同比小幅增长。2016 年，ENTSO－E 成员国消费电量达 36 342 亿 kW·h，同比增长 1.0%。

（三）电力联网

ENTSO－E 成员国中，以德国、法国、意大利为代表的大部分国家输电线路的电压等级集中在 220kV 和 380/400kV；塞浦路斯、爱沙尼亚、立陶宛、北爱尔兰几个国家主要以低压输电线路为主。欧洲电网各成员国之间主要是通过 220kV 和 380kV 交流线路互联，部分是通过 400kV、330kV、220kV 及以下电压等级输电线路实现互联。

截至 2017 年底，欧洲电网各成员国间共有电网联络线 423 条，其中，交流线路 393 条，直流线路 30 条。交流联络线中，380～400kV 联络线最多，共 130 条，其次为 200～380kV 和 220kV 以下联络线，分别为 110 条和 89 条。直流联络线以 220～380kV 为主，共有 17 条，其次为 400kV 以上联络线，共有 7 条，380～400kV 联络线共有 5 条，220kV 以下联络线 1 条。

从欧洲电网输电线路回路长度上看，截至 2017 年底，ENTSO－E 各国 220kV 及以上交流输电线路总长度达到 30.8 万 km，其中交流电缆长度 5070km。2017 年 ENTSO－E 输电线路回路长度情况见表 3－1。

表 3－1　2017 年 ENTSO－E 输电线路回路长度情况　km

电压等级	400kV 以上	380kV～400kV	220kV～380kV	110kV～220kV	合计
交流	385	177 556	129 619	166 045	473 605
其中电缆	—	4157	913	—	5070
直流电缆	—	4452	3067	1026	8545

数据来源：Statistical Factsheet 2017。

（四）电力交换

2017年，ENTSO－E全部电力交换量（进口和出口电量之和，含ENTSO－E成员国与周边非ENTSO－E成员国的电力交换）为4673亿kW·h，同比增加1.5%，其中外部电力交换量325亿kW·h，同比减少10.9%，ENTSO－E成员国之间的电力交换量为4348亿kW·h，同比增加2.5%。

二、北美联合电网

（一）网架情况

北美联合电网由西部互联电网、东部互联电网、得克萨斯电网以及魁北克互联电网组成，示意图如图3－12所示，涵盖美国、加拿大和墨西哥境内的下加利福尼亚州，总覆盖面积1139万km^2。不同的互联电网并不是同步的，没有交流互联通道，并且直流互联通道的容量也有限制。迄今为止，在东部和西部互联电网之间，只有少量的直流线路，其互联通道容量约为2GW，在东部互联电网和得克萨斯电网之间，有一个互联通道，其容量为2.6GW。

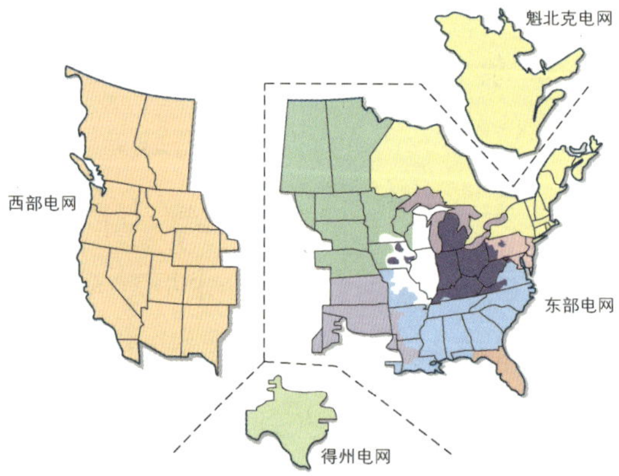

图3－12　北美联合电网组成示意

北美四个同步电网之间联网情况，东部电网通过6条直流线路与西部相联；东部电网与魁北克电网通过5条交流输电线路和一套变频变压器相联；得州电网与东部电网通过2条直流线路互联，与墨西哥电网通过1条直流线路和1套变频变压器互联。

（二）电力交换情况

北美联合电网中，美国是电能净进口国，加拿大、墨西哥是电力净出口国，美国和加拿大之间电量交换大、与墨西哥之间电量交换较小。美国北部各电力公司和加拿大魁北克、安大略等电力公司之间长期进行电力交换。近年来，美国与加拿大、墨西哥的电力交换规模总体呈现上升趋势（见表 3－2）。2017 年，美国进出口电量合计 890 亿 kW•h，同比下降 1.5%，与 2000 年相比，增加 40.4%。

表 3－2　　美国与加拿大、墨西哥的电力交换情况　　亿 kW•h

年份	2000	2010	2013	2014	2015	2016	2017
进口电力	485.9	450.8	561.5	616.3	756.1	806.5	778.4
出口电力	148.3	191.1	141.5	135.1	91.5	97.0	111.8
进出口合计	634.2	641.9	702.9	751.5	847.5	903.5	890.2

数据来源：NERC、IEA。

（三）电网规划

基于未来美国电网发展为东部、西部 2 个同步电网的构想，未来北美电网将形成东部、西部和魁北克 3 个同步电网结构。北美联合电网计划用十年时间新增 100kV 以上输电线路 5.99 万 km（见表 3－3），其中，建设中的线路长度约 1.26 万 km，规划中的线路约 3.48 万 km，处在初步讨论阶段的线路长度约 1.24 万 km。

表 3－3　　北美联合电网 2015—2024 年输电线路规划情况　　km

同步电网	建设中	规划中	考虑中	合计
东部电网	11 203	20 719	3715	35 637
魁北克电网	450	1164	336	1950
得州电网	144	1153	720	2016
西部电网	803	11 816	7669	20 288
总计	12 597	34 851	12 438	59 887

数据来源：NERC。

3.1.5 南部非洲电网

（一）装机情况

南部非洲电力联盟（Southern African Power Pool，SAPP）共有博茨瓦纳、莫桑比克、马拉维、安哥拉、南非、莱索托、纳米比亚、刚果（金）、斯威士兰、坦桑尼亚、赞比亚、津巴布韦 12 个成员国，除马拉维、安哥拉外，SAPP 的其他成员国电网之间基本实现了互联。以水电为主的北部地区和以火电为主的南部地区，通过 132、220kV 和 400kV 线路互联，电网互联情况如图 3-13 所示。

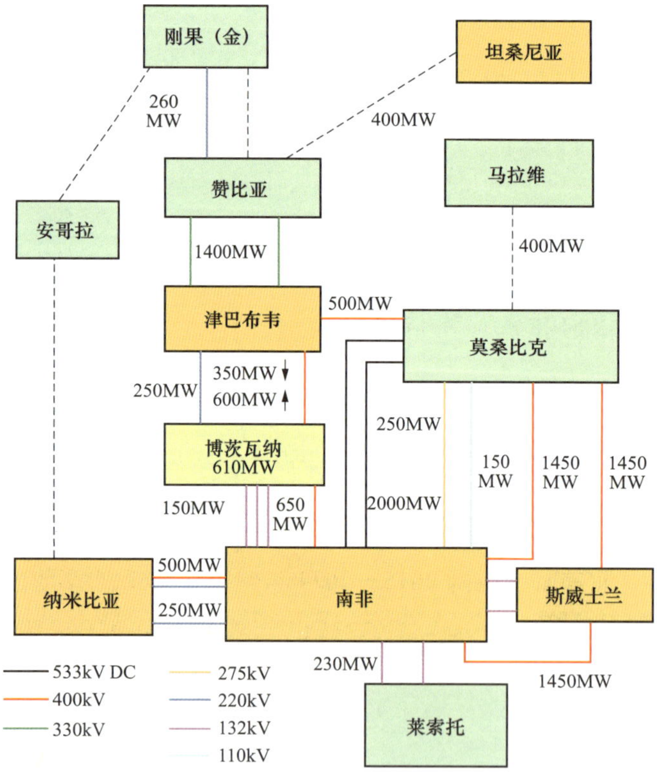

图 3-13　南部非洲电网互联情况示意图

资料来源：南部非洲电力联盟网站。

截至2017年3月底，南部非洲电网总装机6292.8万kW，其中煤电占61.4%，水电占21.0%，油气发电装机占6.6%，风电占4.0%，核电占3.0%，太阳能光伏发电占3.0%，光热发电占1.0%。

（二）电力交换

为缓解输电瓶颈，规划中的重点跨国输电项目有赞比亚、坦桑尼亚和肯尼亚互联工程，莫桑比克和马拉维互联工程，纳米比亚和安哥拉互联工程，津巴布韦、赞比亚、博茨瓦纳和纳米比亚互联工程，莫桑比克、津巴布韦和南非互联工程。

2016—2017年SAPP成员国之间电力进出口情况见表3-4。

表3-4　2016—2017年SAPP成员国总装机容量及电力生产、交易情况

国家（地区）	总装机容量（MW）	发电量（百万kW·h）	进口（百万kW·h）	出口（百万kW·h）
安哥拉	2210	5613	0	0
博茨瓦纳	892	372	1207	0
刚果（金）	2442	—	778	50
莱索托	74	486	175	2.7
马拉维	366	1809	0	0
莫桑比克	3074	390	1004	233
纳米比亚	508	1305	1337	36
南非	46 963	220 166	7418	15 093
斯威士兰	61	118.863	1045.98	0
坦桑尼亚	1366.6	6751.86	102.388	0
赞比亚	2877.8	11 584	2104	768
津巴布韦	2045	6951	636	961

数据来源：南部非洲电力联盟网站。

（三）电网规划

SAPP计划2016—2022年间新增装机3269.5万kW（见表3-5）。除莱索托外，其他国家均有新增装机。

表 3-5　SAPP 2016—2022 年新增装机规划　MW

国家	2016	2017	2018	2019	2020	2021	2022	合计
安哥拉	930	2545	267	0	0	0	0	3742
博茨瓦纳	—	120	—	—	300	—	—	420
刚果（金）	458	—	150	—	—	—	—	608
莱索托	—	—	—	—	—	—	—	—
马拉维	10	6	72	22	1005	—	—	1115
莫桑比克	360	—	—	600	400	600	1500	3460
纳米比亚	40	—	190	—	—	800	—	1030
南非	1624	999	2167	1445	2167	723	1528	10 653
斯威士兰	—	—	—	12	—	—	300	312
坦桑尼亚	—	900	1040	250	1000	—	—	3190
赞比亚	300	—	27	441	1450	230	1200	3648
津巴布韦	200	—	420	837	1860	—	1200	4517
合计	3922	4570	4333	3607	8182	2353	5728	32 695

数据来源：SAPP，Annual Report 2017。

3.1.6　中国电网

一、电网互联现状

近年来，中国在加强和完善各地区电网主网架的同时，加快跨省跨区联网建设。2005 年以来，中国已建成多项跨区电网互联工程，实现了中国大陆电网互联，形成华北—华中、华东、东北、西北、南方五个同步电网运行的格局。

华北、华中通过 1000kV 交流联网，东北与华北通过高岭背靠背直流实现异步联网，西北与华中通过灵宝背靠背直流、德阳—宝鸡±500kV 直流、哈密—郑州±800kV 直流实现异步联网，西北与华北通过宁东（银川东）—山东（青岛）±660kV 直流实现异步联网，华中与华东通过葛洲坝—上海（南桥）、三峡（龙泉）—江苏（政平）、三峡（宜都）—上海（华新）、三峡（荆门）—上海（枫泾）±500kV 直流以及金沙江（向家坝）—上海（奉贤）、雅砻江

（锦屏）—江苏（同里）、金沙江（溪洛渡）—浙西（金华）±800kV 直流工程实现异步联网，华中与南方电网通过三峡（荆州）—广东（惠州）±500kV 直流实现异步联网。

二、输电通道建设情况

2017 年，中国加强新能源配套并网和送出工程建设，加快推进跨省跨区输电通道建设，集中投产一批跨省跨区输电项目，国家大气污染防治行动计划特高压交直流工程全面竣工。全国新增 110kV 及以上交流输电线路长度 58 084km，同比多投产 1406km，变电设备容量 32 595 万 kV•A，同比少投产 1990 万 kV•A；新增直流输电线路长度 8339km，同比多投产 4948km，直流换流容量 7900 万 kW，同比多投产 4660 万 kW；全国电网 35kV 及以上输电线路回路长度 183 万 km，同比增长 4.0%，变电设备容量 66 亿 kV•A，同比增长 5.3%。

（一）省内输电通道建设

建成新疆三塘湖变—麻黄沟东线路工程等一批省内重点输电工程，提升新能源外送能力超过 500 万 kW。

开展光伏发电基地输电规划、消纳能力研究和接入系统方案论证等工作，及时建设配套电网工程，满足光伏电站基地和光伏领跑技术基地接入和送出要求。

（二）跨省跨区通道建设

建成投运榆横—潍坊、锡盟—胜利等特高压交流输电工程，建成酒泉—湖南等特高压直流输电工程，新增特高压输电线路 8883km、设计输电能力超过 5000 万 kW，如图 3-14 所示。

（三）省间输电工程建设

建成投运扎鲁特—科尔沁、科尔沁—阜新、扎鲁特—向阳等 500kV 线路工程，新增线路长度 1387km，确保扎鲁特汇集外送能力达到 400 万 kW 以上。

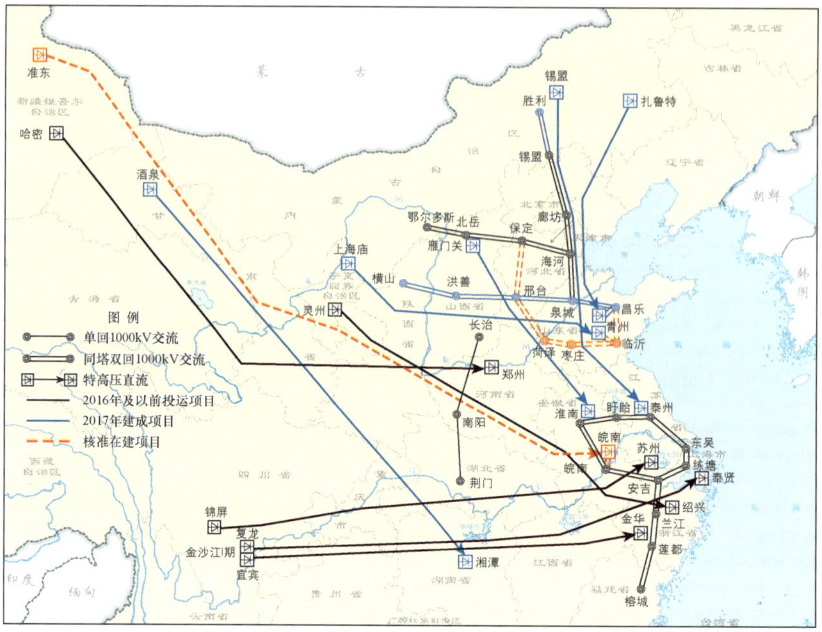

图 3-14　2017 年国家电网公司开工建设与建成特高压线路

3.1.7　世界电力行业发展特点

（1）世界电力消费量同比增长 3.4%，发达国家电力消费持续回升。2017 年世界电力消费量约为 21.6 万亿 kW·h，同比增长 3.4%，增速较 2016 年上涨 1.3 个百分点。2017 年 OECD 国家电力消费量为 10.54 万亿 kW·h，同比增长 0.6%。

（2）世界电源结构进一步向低碳方向发展。2017 年，全球风电装机 5.46 亿 kW，同比增长 11%；全球太阳能光伏发电新增装机容量 0.96 亿 kW，达到创纪录水平。2000—2017 年，世界火电装机占总装机的比重下降 5.7 个百分点，核电比重下降 4.2 个百分点，水电比重下降 4.5 个百分点，风电等非水可再生能源发电比重增加 14.3 个百分点。

（3）非水可再生能源发电量历史增幅最大。IEA 对月度数据的评估显示，2017 年，OECD 国家地热、太阳能、风能和其他可再生能源的发电量为 10 303 亿 kW·h，较 2016 年增长 1472 亿 kW·h，同比增长 16.7%。这是目前为止这一领域取得的最大增幅。而水力发电量仅小幅增长 0.5%。可燃性燃料和核能发电量分别下降 1%和 0.8%。

(4) 非水可再生能源发电项目发电成本稳步下降。2017 年，非水可再生能源发电项目中，光伏发电和陆上风电项目单位千瓦造价最低，分别为 1548 美元/kW 和 1670 美元/kW。2010—2017 年间，单位千瓦造价降幅最大的是光伏发电项目，2010 年到 2016 年的 6 年间下降了 64%。水电、陆上风电、生物燃料项目造价变化比较平稳，光热发电、核电、海上风电项目呈波动下降趋势。

3.2 主要国家电力行业发展状况

3.2.1 主要国家电力发展状况

一、电力消费

2017 年世界十大电力消费国依次为中国、美国、印度、俄罗斯、日本、韩国、巴西、德国、加拿大和法国，总消费电量约 15.0 万亿 kW·h，约占世界总消费电量的 69.3%。其中，中国、美国和印度的电力消费量超过 1 万亿 kW·h。2017 年世界十大电力消费国的电力消费量如图 3-15 所示。

美国、法国电力消费以居民用电和商业服务业用电为主。2015 年美国电力消费构成为居民生活用电占 37.1%，商业服务业用电占 31.6%，工业用电占 21.3%，农业渔业用电占 5.4%，交通用电占 0.2%。2015 年法国居民生活用电占比 35.9%，工业用电占 25.2%，商业服务业用电占 31.6%，交通用电占比约 2.4%，农业渔业用电占比约 2.1%。

日本、德国电力消费以工业和商业服务业用电为主。2015 年日本商业服务业用电占 31.6%，工业用电占 32.1%，居民生活用电占 28.2%，交通用电占

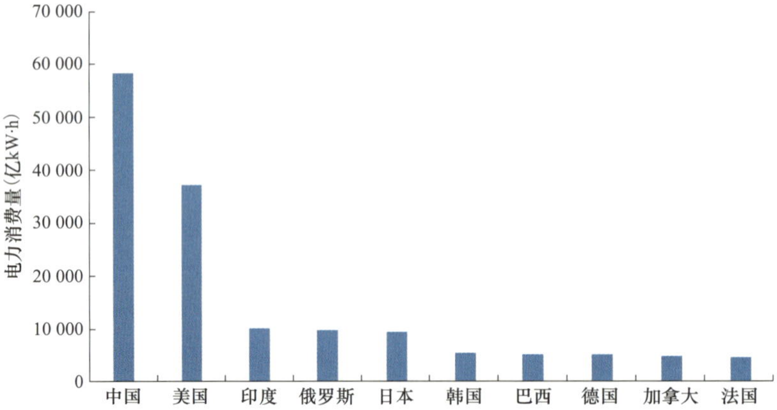

图 3-15　2017 年世界十大电力消费国电力消费量

1.9%，农业渔业用电占 3.3%。2015 年德国工业用电占比 43.7%，商业服务业务用电占比 31.6%，居民生活用电占比 25.0%，交通用电占比约 2.2%。

加拿大电力消费以居民、工业、商业服务业用电为主。2015 年加拿大工业用电占比 33.5%，居民生活用电占比 33.6%，商业服务业用电占比 31.6%，农业渔业用电占比 8.4%，交通用电占比约 1.0%。

韩国电力消费以工业为主。2015 年韩国工业用电占比 53.0%，商业服务业占 31.6%，居民生活占 12.9%，农业渔业占 3.0%，交通用电占 0.4%。

印度、巴西、俄罗斯电力消费均以工业为主。2015 年印度工业用电约占 44.0%，其次为居民用电，约占 24.0%，交通用电约占 1.6%，农业用电占 18.3%，商业用电占 9.1%，其他占 3.0%。2015 年巴西工业用电占 40.0%，其次是商业服务业用电，占 27.3%，居民用电占 26.7%，交通用电占 0.6%，农业用电占 5.5%。2015 年俄罗斯工业用电占比 45.3%，居民生活用电占比 20.2%，商业服务业务用电占比 21.0%，农业渔业用电占比 2.3%，交通用电占比约 11.3%。

二、电力生产

2017 年发电装机容量前十名的国家依次为中国、美国、印度、日本、俄罗斯、德国、巴西、加拿大、法国和意大利，总装机容量约 47.0 亿 kW，约占世

界总装机容量的69.2%。其中，中国和美国的发电装机容量超过10亿kW。2017年前十名国家的发电装机容量如图3-16所示。

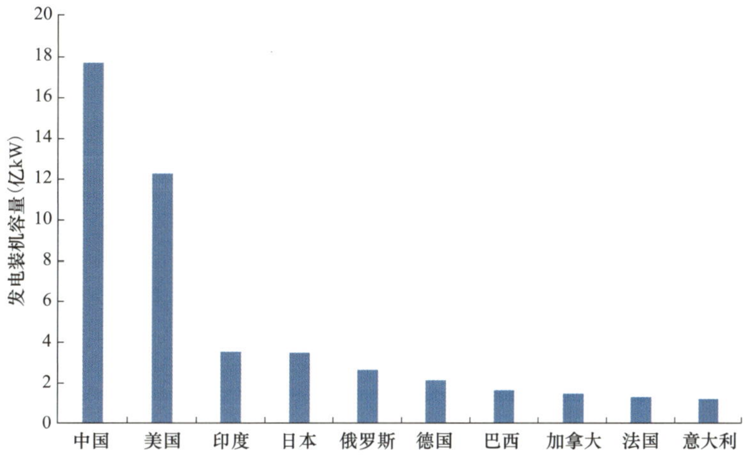

图3-16　2017年发电装机容量前十名

美国装机以气电为主。2017年，美国装机约12.19亿kW，同比增长1.8%。其中，气电装机占比43.1%，煤电装机占比23.8%，水电和核电占比分别为8.2%和8.2%，风电占比为7.4%，太阳能发电占比为4.3%。2017年，美国煤电装机减少673万kW，油电装机减少67万kW，风电、气电、太阳能发电装机分别增加714万、1092万、1083万kW。

法国装机以核电为主。2017年，法国装机1.32亿kW，同比增加0.1%。其中，核电装机占比48.0%，水电装机占比19.4%，火电装机占比14.4%，风电装机占比10.5%，太阳能发电占比6.2%。2017年法国油电减少304万kW，风电、太阳能发电分别增加205万、88万kW。

中国[❶]、印度装机仍以煤电为主。2017年，中国发电装机17.77亿kW，同比增长7.6%。其中，火电占比62.2%，水电占比19.2%，风电占比9.2%，太阳能发电占比7.3%，核电占比2.0%。2017年，印度装机容量为3.48亿kW，

❶ 中国数据来自中国电力企业联合会。

其中煤电装机占 56.7%、风电等非水可再生能源发电占 19.1%、水电占 14.7%、气电装机 7.2%、核电占 2.1%、油电装机占 0.2%。

加拿大、巴西装机以水电为主。2017 年，加拿大发电装机约 1.44 亿 kW，其中，水电占 55.4%，气电占 12.6%，风电等非水可再生能源发电占 12.0%、核电占 9.4%，煤电占 6.4%、油电占 4.2%。2017 年，巴西发电装机约 1.58 亿 kW，其中，水电装机比重约 63.5%，火电约占 17.3%，风电等非水可再生能源发电占 18.0%，核电占 1.2%。

2017 年中国发电量最高，达到 64 179 亿 kW·h[1]。2017 年发电量超过 1 万亿kW·h 的共有 4 个国家，依次为中国、美国、印度、俄罗斯。年发电量前十名的国家如图 3-17 所示。

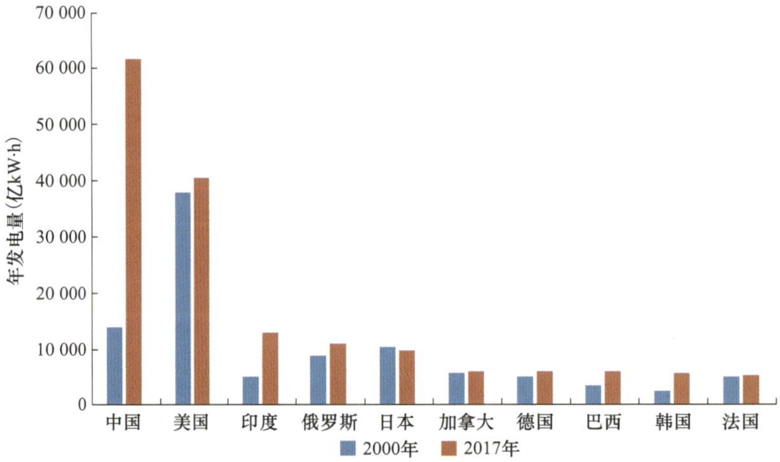

图 3-17　2000、2017 年发电量前十名国家发电量及对比情况

美国发电量以火电为主，2017 年发电量[2]**约 4.04 万亿 kW·h，同比降低 1.0%**。其中风电等非水可再生能源发电量 4142 亿 kW·h，同比增长 11.2%；水电发电量 2480 亿 kW·h，同比增长 2.2%；火电发电量 25 752 亿 kW·h，同比降低 3.2%；核电发电量 8056 亿 kW·h，同比降低 0.04%。火电、核电、水

[1] 中国数据来自中国电力企业联合会。

[2] 美国等发达国家发电量为 IEA 快报数据，不含厂用电。

电、非水可再生能源发电量占总发电量的比例分别为 63.7%、19.9%、6.1%、10.3%。

日本发电量以火电为主，2017 年发电量约 9822 亿 kW·h，同比降低 0.5%。其中风电等非水可再生能源发电量 1034 亿 kW·h，同比增长 8.8%，水电发电量 7303 亿 kW·h，同比降低 1.5%；火电发电量 7765 亿 kW·h，同比降低 3.0%。日本火电发电量占比高达 79.1%，水电、非水可再生能源发电、核电占比分别为 7.4%、10.5%、3.0%。

德国发电量以火电为主，2017 年发电量约 5973 亿 kW·h，同比增长 0.9%。其中风电等非水可再生能源发电量 1981 亿 kW·h，同比增长 17.1%；水电发电量 175 亿 kW·h，同比降低 4.0%；火电发电量 3096 亿 kW·h，同比降低 4.5%；核电发电量 722 亿 kW·h，同比降低 9.9%。德国火电、风电等非水可再生能源发电、核电、水电发电量占比分别为 51.8%、33.2%、12.1%、2.9%。

法国发电量以核电为主，2017 年发电量 5251 亿 kW·h，同比降低 0.5%。其中，火电发电量 540 亿 kW·h，同比增加 14.3%，占比 10.3%；非水可再生能源发电量 427 亿 kW·h，同比增加 16.5%，占比 8.1%；核电发电量 3818 亿 kW·h，同比降低 1.2%，占比 72.7%；水电发电量 466 亿 kW·h，同比降低 18.8%，占比 8.9%。

加拿大发电量以水电为主，2017 年发电量约 6054 亿 kW·h，同比增加 0.7%。其中，水电发电量 3536 亿 kW·h，同比增加 1.6%，占比 58.4%；非水可再生能源发电量 464 亿 kW·h，同比增长 2.2%，占比 7.7%；核电发电量 957 亿 kW·h，同比增长 0.1%，占比 15.8%；火电发电量 1097 亿 kW·h，同比降低 2.0%，占比 18.1%。

3.2.2 中国电力发展状况及特点

一、电力消费

中国电力消费进一步回升。2017 年，全国全社会用电量 63 625 亿 kW·h，同比增长 6.6%，增速连续两年回升。2010—2017 年全社会用电量及其增长情况如图 3-18 所示。

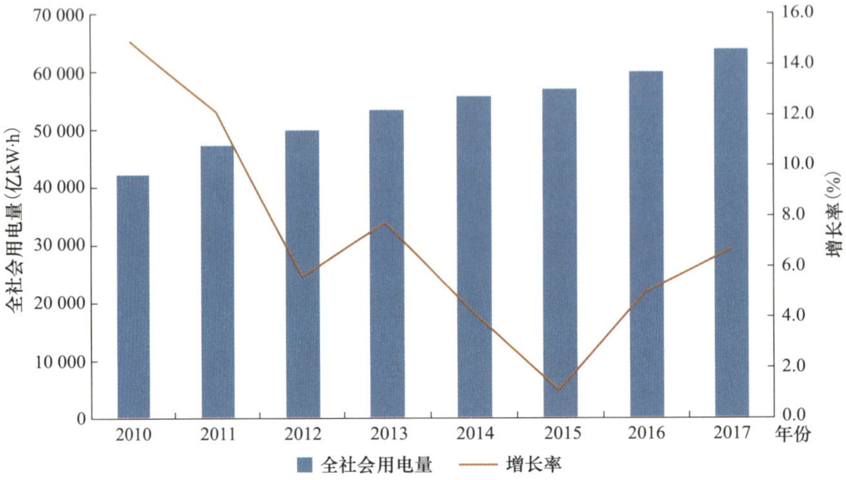

图 3-18　2010—2017 年中国全社会用电量及其增长情况

第二产业是全社会用电量增速提高的最主要动力。第一产业用电量 1175 亿 kW•h，同比增长 7.5%。第二产业用电量 44 922 亿 kW•h，同比增长 5.5%，拉动全年全社会用电量 3.9 个百分点，是全社会用电量增速提高的最主要动力。第三产业用电量 8825 亿 kW•h，同比增长 10.7%；城乡居民生活用电量 8703 亿 kW•h，同比增长 7.7%，服务业和居民消费对用电增长稳定作用更加突出。2017 年，中国人均用电量和人均生活用电量分别为 4589kW•h 和 628kW•h，分别比上年增加 268kW•h 和 44kW•h。

中国电力消费以第二产业为主。2017 年，中国第一、第二、第三产业和城乡居民生活用电量占全社会用电量的比重分别为 1.8%、70.6%、13.9% 和 13.7%。与 2016 年相比，第三产业和城乡居民生活用电量占比分别提高 0.6、0.2 个百分点；第二产业用电量占比降低 0.7 个百分点。2017 年全国电力消费结构与 2016 年对比情况如图 3-19 所示。

二、电力生产

中国发电装机容量增长趋缓。截至 2017 年底，全国全口径发电装机容量

17.77 亿 kW，同比增长 7.7%，增速比上年回落 0.5 个百分点。2010—2017 年全国发电装机容量及同比增速情况如图 3-20 所示。

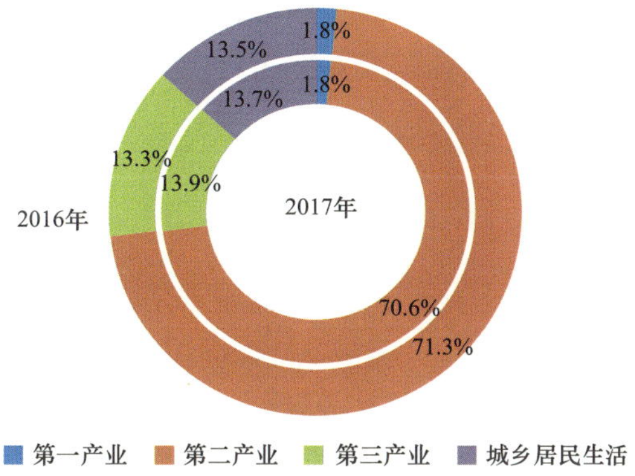

图 3-19　2017 年中国电力消费结构与 2016 年对比情况

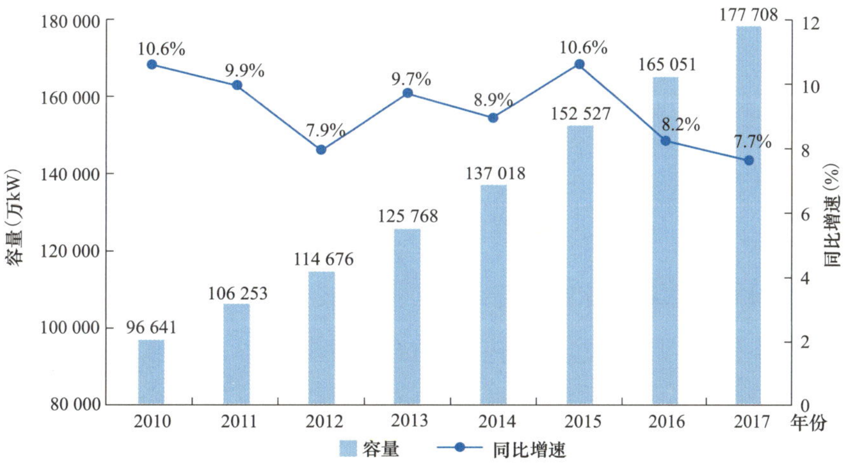

图 3-20　2010—2017 年中国发电装机容量及同比增速情况

中国发电装机仍以煤电为主，但能源结构不断优化。受新能源及核电快速发展拉动，中国能源结构加速调整优化。火电装机容量占比下降到 62.2%，其中煤电装机比重继续下降 2.2 个百分点；非化石能源发电装机容量占全国总装机容量的 38.8%，比 2016 年和 2010 年分别提高 2.2 和 11.7 个百分点。新能源装机占比 16.5%，其中太阳能发电装机占比提高到 7.3%。2016—2017 年全国分类型发电装机容量占比情况如图 3-21 所示。

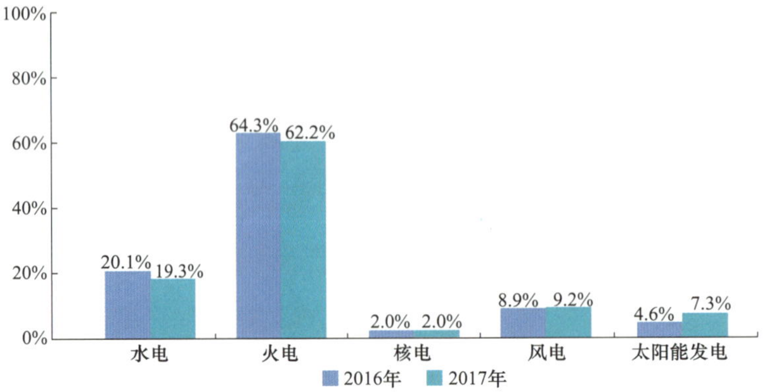

图 3-21　2016—2017 年中国发电分类型发电装机容量占比情况

中国发电量增速显著回升，新能源发电增量对电力生产的贡献作用显著增强。2017 年，中国全口径发电量达到 64 171 亿 kW·h，同比增长 6.5%，增速比上年提高 1.6 个百分点。新能源发电量高速增长，新能源（并网风电和太阳能）发电量同比增长 36.6%，比总发电量增速高 30.1 个百分点，对全国发电量增长的贡献率为 28.6%；并网风电和太阳能发电量占总发电量的比重为 6.5%。火电发电量比重从 2011 年的 82.5%持续下降到 2017 年的 71.0%。其中，2017 年煤电发电量占比 64.7%；燃气发电量同比增长 7.7%，占比 3.2%。2016—2017 年中国分类型发电量占比情况如图 3-22 所示。2010—2017 年风电、太阳能合计发电量及占比，见图 3-23。

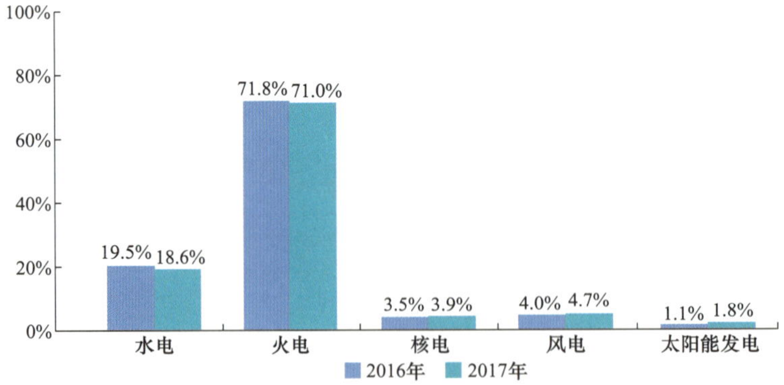

图 3-22　2016—2017 年中国分类型发电量占比情况

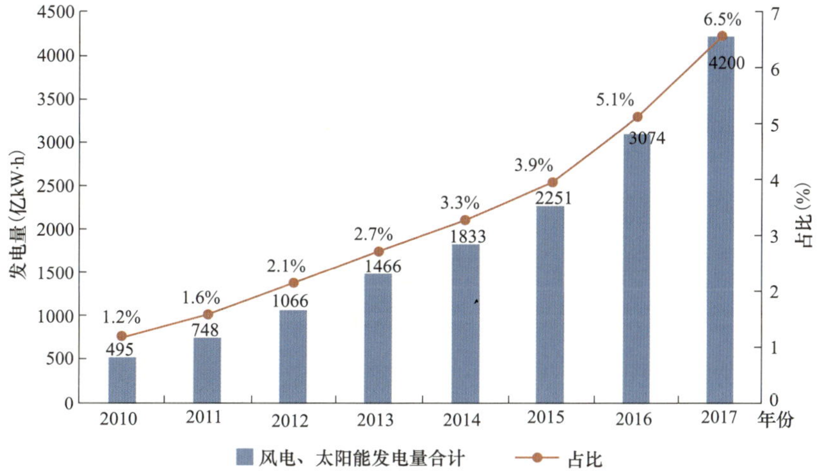

图 3-23 风电、太阳能合计发电量及占比

青海、甘肃、宁夏、内蒙古、新疆、河北、吉林、黑龙江和西藏 9 个省份新能源发电量占本省发电量的比重超过 10%；山东、云南、甘肃等 14 个省份的新能源发电量增量超过火电发电量增量，如图 3-24 所示。

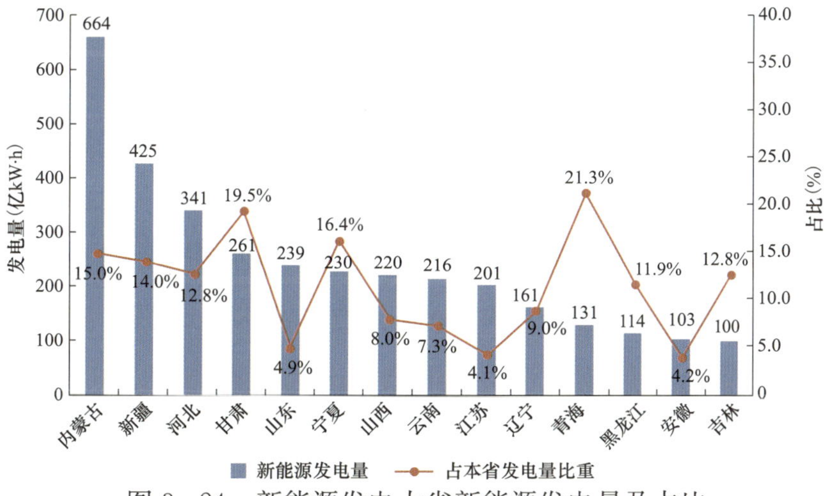

图 3-24 新能源发电大省新能源发电量及占比

3.3 电力发展关键指标

3.3.1 人均装机及用电量

2016 年，中国人均装机 1.19kW，但仍不足美国、德国等发达国家人均水

平的 1/2。2016 年，在世界电力生产大国中，加拿大、美国、日本人均装机最高，分别达到 3.97、3.36kW 和 2.65kW；德国的人均装机也在 2kW 以上，法国、意大利、俄罗斯的人均装机在 1.8kW 以上。在世界主要国家中，印度人均装机最低，仅为 0.24kW。中国人均装机近十年来保持了快速增长，2006—2016 年间，年均增速超过 10%。2016 年中国人均装机 1.19kW，但仍不及加拿大、美国、德国等发达国家人均水平的一半。2006、2016 年部分国家人均装机情况如图 3-25 所示。

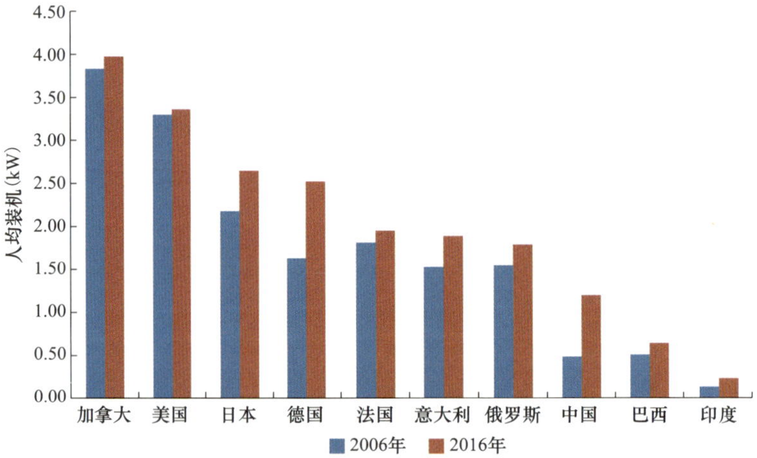

图 3-25　2006、2016 年部分国家人均装机情况

2016 年，中国人均用电量 4290kW·h，约为日本的 54%、美国的 33%、加拿大的 29%。中国人均用电量与发达国家相比差距明显。2016 年，在世界主要国家中，加拿大的人均用电量达 14 844kW·h，美国人均用电量达 12 825kW·h；日本、法国的人均用电量均在 7000kW·h 以上；印度在世界主要国家中人均用电量最低，约 918kW·h。2006 年及 2016 年主要国家人均用电量情况如图 3-26 所示。

2006—2016 年，中国人均用电量年均增速接近 10%，绝大部分发达国家人均用电量年均增速呈现负增长，中国与发达国家的差距在逐渐缩小。人均用电量与经济增长和人口增长密切相关。近年来，欧美发达国家经济增长缓慢，电力需求接近饱和，用电量和人均用电量增长乏力或出现负增长。2006—2016 年间，加拿大、美国、日本、意大利、法国人均用电量年均增速均为负增长，德国年均增速只有 0.4%左右。俄罗斯、巴西、印度、中国等金砖国家人均用电量增长较快，年均增速分别为 1.5%、1.9%、5.3%和 9.4%。2006、2016 年主要国家人均用电量情况如图 3-26 所示。

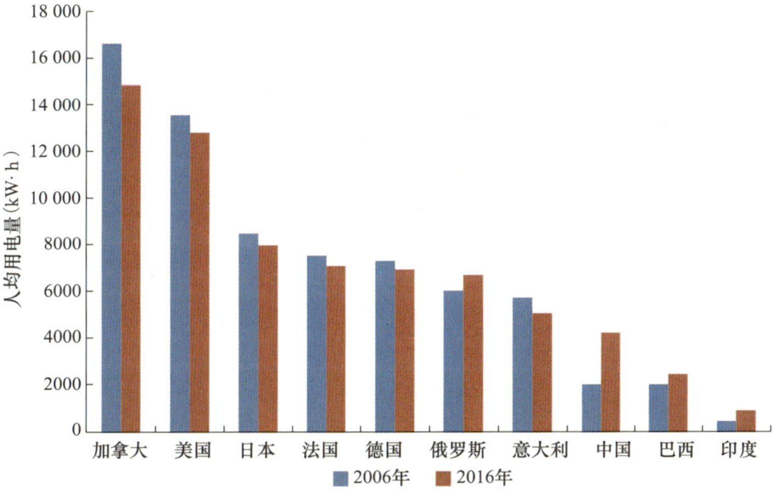

图 3-26 2006、2016 年主要国家人均用电量情况

3.3.2 厂用电率与线损率

2016 年，世界各国发电厂平均厂用电率为 5.22%。印度、俄罗斯和德国厂用电率高于世界平均水平，中国、美国、法国、意大利、日本、加拿大和巴西的厂用电低于世界平均水平。印度厂用电最高，达 6.85%，巴西最低，只有 1.24%。2006、2016 年部分国家厂用电率变化情况如图 3-27 所示。

2006—2016 年间，除印度外，各主要国家厂用电率总体呈下降趋势。2006—2016 年间，俄罗斯、德国和中国厂用电率分别下降 0.79、0.97 个和 1.16 个百分点，降幅最大。印度厂用电率略有增加。

中国厂用电率接近世界先进水平。2016 年，中国厂用电率高于美国、法国、意大利、日本等发达国家，但低于德国、印度和俄罗斯，2006—2016 年，

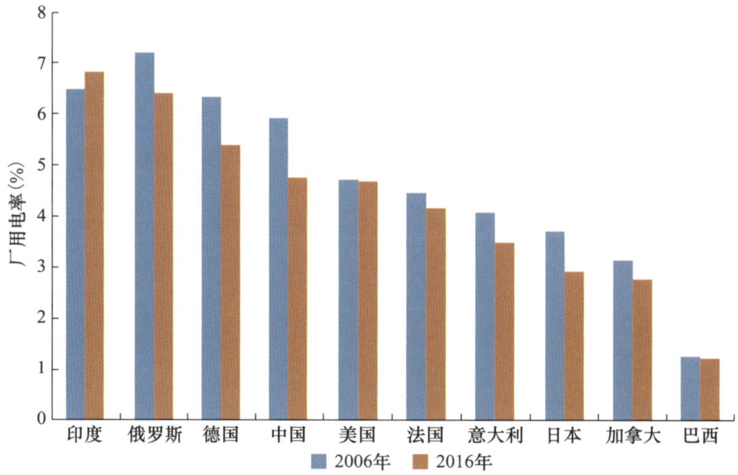

图 3-27　2006、2016 年部分国家厂用电率

中国厂用电率逐渐下降，已接近世界先进水平。

2016 年世界各国平均线损率为 8.35%。OECD 国家线损率为 6.39%，远低于非 OECD 国家 9.91%的线损率。印度、巴西、俄罗斯因国土面积大，资源与负荷分布不均衡，需远距离输电，线损率较高，2016 年分别为 18.93%、16.27%和 10.69%；德国和日本因国土面积小，电力供应以就地平衡为主，线损相对较低，2016 年分别为 4.63%和 4.49%。

主要国家线损率总体呈下降趋势。2006—2016 年间，世界线损率下降近 1 个百分点，加拿大、法国、巴西、意大利线损率略有增加，其他国家线损率总体呈下降态势。其中，印度线损率降幅最大，10 年间下降 6.27 个百分点，其次为俄罗斯，下降 1.19 个百分点。2006、2016 年部分国家线损率变化情况如图 3-28 所示。

中国近 10 年来线损率降幅较大。近年来中国电网建设快速发展，随着电网建设、运行和管理水平的快速提升，2006 年到 2016 年间线损率下降约 0.55 个百分点，降幅较大。2016 年中国线损率高于日本、美国、意大利、德国，已低于加拿大、法国等发达国家。

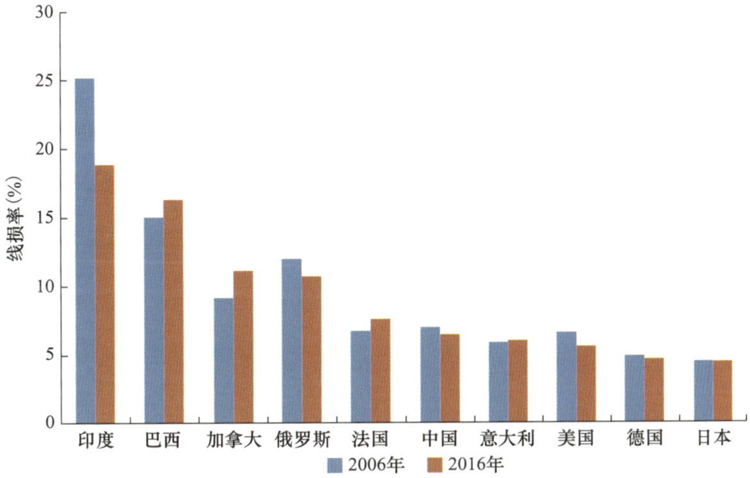

图 3-28　2006、2016 年部分国家线损率变化情况

3.3.3　发电能源占一次能源消费比重

发电能源占一次能源消费的比重，常常用于衡量一个国家的电气化水平。发电能源占一次能源比重越高，说明一次能源被转化成电能的比例越高。

2016 年世界发电能源占一次能源消费的比重约为 39.0%，同比上升 0.4 个百分点。2006—2016 年十年间，世界发电能源占一次能源消费的比重上升了约 4 个百分点。发达国家发电能源占一次能源消费的比重高于发展中国家。2016 年，OECD 国家发电能源占一次能源消费比重约为 45.0%，高出非 OECD 国家近 8 个百分点。

日本、法国、韩国、德国、美国、加拿大等发达国家发电能源占一次能源消费比重较高，巴西、印度等发展中国家相对较低（见图 3-29）。发电能源占一次能源消费比重大小与能源资源禀赋、能源消费结构和电源结构密切相关。中国煤炭资源丰富，能源消费以煤炭为主，煤电发电量比例超过 70%，但电煤占煤炭消费的比例较低，导致发电能源占一次能源比重偏低。巴西终端能源消费构成中，石油和生物质能分别高达 45%和 28%，电力仅占 18%，因而其发电能源占一次能源消费比重较低。

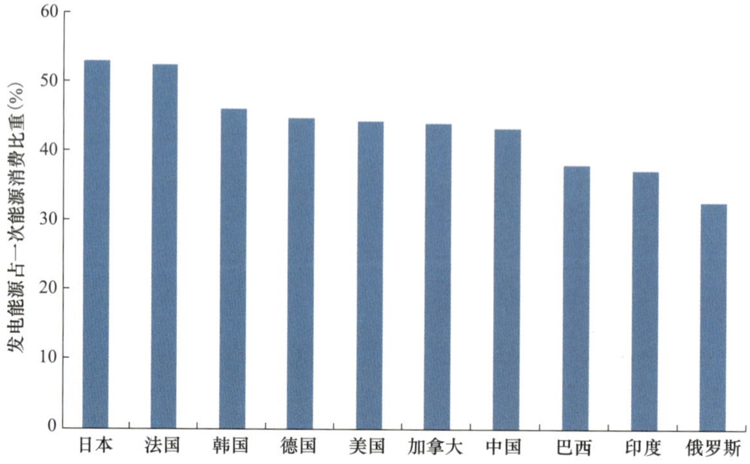

图 3-29　2016 年世界部分国家发电能源占一次能源消费比重

中国发电能源占一次能源消费比重增长最快，已超世界平均水平，但与发达国家相比仍有差距。2016 年，中国发电能源占比约为 43.2%，高于世界平均水平约 4 个百分点。从变化趋势看，2006—2016 年的十年间，中国发电能源比重提高了约 12.6 个百分点，增幅最大。随着能源消费结构的逐步优化，未来中国发电能源比重仍有一定上升空间。

3.3.4　电能占终端能源消费比重

电能占终端能源消费的比重是衡量一个国家终端能源消费结构和电气化程度的重要指标。

2016 年，世界电能占终端能源消费比重为 18.7%，同比提高 0.2 个百分点。其中非 OEC 国家电能占终端能源消费比重同比提高 0.3 个百分点，OECD 国家电能占终端能源消费比重与 2015 年持平。2016 年，中东、非洲电能占终端能源消费比重分别为 15.3%、9.3%，较世界平均水平分别低 3.4、9.4 个百分点。2016 年主要国家电能占终端能源消费的比重变化如图 3-30 所示。

发达国家电力在终端能源消费结构中比重较高。发达国家电力在终端能源消费中的比重一般在 20%以上，其中日本最高，达到 28.0%，法国、韩国分别

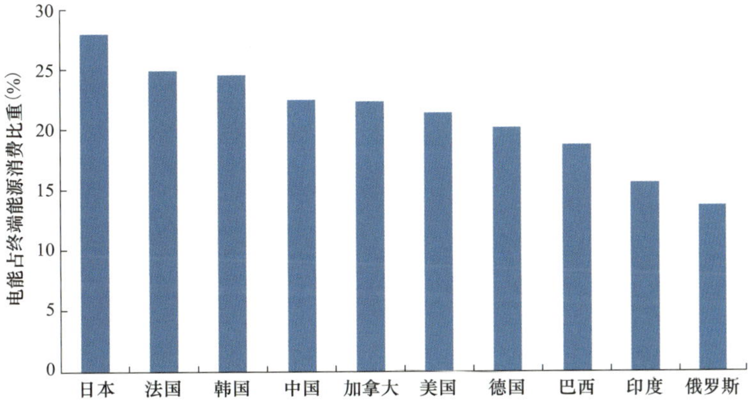

图 3-30　2016 年世界主要国家电能占终端能源消费比重

注：终端能源消费中计入了非商品能源。

达到 25.0%、24.5%。发展中国家电能占终端能源消费比重相对较低，巴西、印度、俄罗斯分别为 18.7%、15.6%、13.7%。

中国电能占终端能源消费的比重增长最快。2016 年，中国在发展中国家中电能占终端能源消费比重较高，为 22.5%，高于世界平均水平 3.8 个百分点，已与部分发达国家水平接近。2006—2016 年的十年间，中国经济快速增长，工业化、城镇化进程加速推进，带动电力消费增长高于能源消费增长幅度，电能占终端能源消费比重提高了约 4.7 个百分点，明显高于其他国家。

4

国内外能源电力发展展望

4.1 能源电力投资展望

世界能源投资需求持续增加，可再生能源投资占比增大。根据 IEA 的预测，2017—2040 年，世界能源累计投资需求将高达 60 万亿美元（按 2016 年美元计算），每年 2.5 万亿的能源领域投资中，可再生能源占比越来越大，化石燃料的投资占比急剧下降。2017—2040 年世界主要国家和地区能源投资预测见表 4-1。

表 4-1　　2017—2040 年世界主要国家和地区能源投资预测

万亿美元（2016 年可比价）

类　别	2010—2016 年	2017—2040 年	
	年均	总计	年均
化石燃料	11 030	247 130	10 070
可再生能源	2970	79 500	3310
电网	2360	80 250	3340
其他	140	11 270	470
供应	16 500	412 760	17 200
电力部分占比	41%		47%
油气占比	54%		50%
终端使用	2950	188 090	7840

数据来源：IEA，World Energy Outlook（WEO）2017。

根据 IEA 预计，**2017—2040 年全球电力累计投资需求将达到 19.3 万亿美元**（按 2016 年美元可比价计算）。其中，电源投资需求约占 58%，电网投资需求约占 42%。2017—2040 年世界电力投资需求预测见表 4-2。

表 4-2　　2017—2040 年世界电力投资需求预测

亿美元（2016 年可比价）

地区	电源	电网	合计
世界合计	112 540	80 250	192 790
北美	14 670	9960	24 630
中南美	5190	4580	9780
欧洲	19 300	10 310	29 600
非洲	7570	7720	15 290
中东	4770	2960	7730
欧亚大陆	4570	2590	7150
亚太	56 470	42 130	98 610
东南亚	5650	6770	12 420
美国	11 950	8080	20 030
欧盟	15 660	7380	23 060
日本	3030	2180	5210
俄罗斯	3420	1570	4990
中国	**25 840**	**18 830**	**44 670**
印度	14 220	9140	23 360
巴西	2310	2300	4610

数据来源：IEA，World Energy Investment Outlook，2017。

从世界主要国家和地区看，中国是最大的电力投资需求国，占全球总投资需求的 23.2%。2017—2040 年，中国电力投资需求约 4.5 万亿美元，占全球总投资需求的 23.2%，是世界最大的电力投资需求国；其次为欧盟和美国，分别为 2.3 万亿和 2.0 万亿美元；印度电力投资需求为 2.3 万亿美元；日本和俄罗斯电力投资需求较小，分别为 5210 亿美元和 4990 亿美元。2017—2040 年世界主要国家和地区电力投资需求预测如图 4-1 所示。

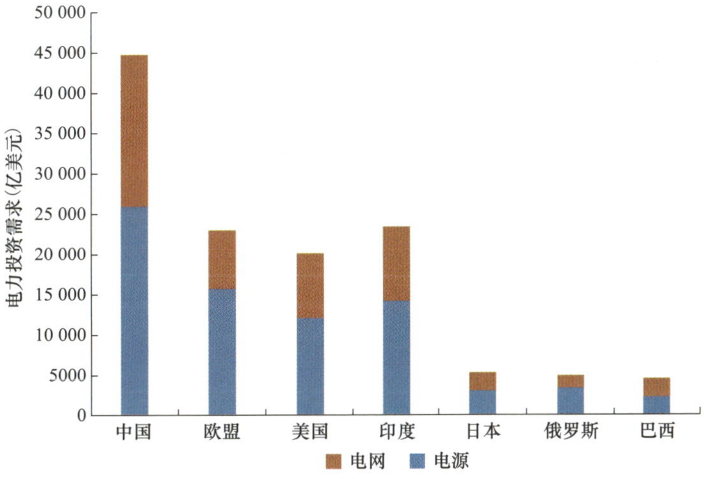

图 4-1 2017—2040 年世界主要国家和地区电力投资需求结构预测

4.2 能源发展展望

4.2.1 一次能源需求展望

中长期世界一次能源需求年均增速约 1.0%～1.2%。2040 年世界一次能源需求将达到 251 亿～270 亿 tce 左右。IEA《世界能源展望 2017》认为，2040 年世界一次能源需求将达到 251.2 亿 tce，年均增长 1.0%。EIA 预测认为，2040 年世界一次能源需求总量将达到 265.2 亿 tce，年均增长 1.0%，增速预测与 IEA 一致。IEEJ 预测 2040 年世界一次能源需求总量将达到 270.1 亿 tce，年均增长 1.2%。各大机构的预测见表 4-3。

表 4-3　　世界一次能源需求预测　　亿 tce

来源	预测基准	2020 年	2030 年	2040 年	年均增速
IEA	194.8（2015 年）	208.2	228.7	251.2	1.0%
EIA	207.2（2015 年）	217.8	238.8	265.2	1.0%

续表

来源	预测基准	2020 年	2030 年	2040 年	年均增速
IEEJ	195.7（2014 年）	217.2	243.8	270.1	1.2%
BP	187.8（2015 年）	205.0	234.3	—	—

根据国网能源研究院最新预测结果，以 2016 年为预测基准年，以 205 亿 tce 为基准，在自主减排情景❶下，2030 年世界一次能源需求将达到 205 亿 tce，2040 年将达到 233 亿 tce，2050 年将达到 270 亿 tce。预测结果与 IEA 等机构基本一致，年均增速 1.0%。

从世界一次能源需求构成看，煤炭和石油的比重继续降低，天然气和非化石能源的比重提高。根据相关机构预测，2040 年煤炭占比 21%～24%，石油占比 27%～31%，天然气占比 24%～25%。化石能源总体所占比例有所下降，其中天然气比例上升，煤炭和石油比例下降。核电和水电比重分别占 7%和 3%，生物质能所占比例维持在 10%左右，风能、太阳能、地热能等其他可再生能源的预测值有所提高，2040 年占比将超过 6%。各机构世界一次能源需求结构预测见表 4 - 4。

表 4 - 4　　世界一次能源需求结构预测　　%

品种	预测基准			
	IEA（2015 年）	EIA（2015 年）	IEEJ（2014 年）	BP（2015 年）
煤炭	28.1	27.5	28.6	29.2
石油	31.7	33.1	31.3	32.9
天然气	21.6	22.4	21.2	23.8
核电	4.9	4.5	4.8	4.4

❶ 自主减排情景模拟的是在当前的能效提升速度与减排政策力度不变的情况下，2050 年全球能源发展将去往何处。主要考虑有：展望期内能源消费强度持续下降，分部门终端能源需求增长分化；分品种终端能源结构加快调整，电气化进程加速推进；发展中国家冶炼、焦化、炼油、发电等加工转换效率向发达国家水平靠近；弃煤、减煤、弃核等能源政策切实落地，风能、太阳能等新能源成为电力供应主体，传统生物质能大量退出；各国设定的温室气体减排与能源清洁转型目标均能实现，且后续减排与转型力度有增无减。

续表

<table>
<tr><th rowspan="2">品种</th><th colspan="4">预测基准</th></tr>
<tr><th>IEA（2015年）</th><th>EIA（2015年）</th><th>IEEJ（2014年）</th><th>BP（2015年）</th></tr>
<tr><td>水电</td><td>2.4</td><td rowspan="3">12.5</td><td>2.4</td><td>6.8</td></tr>
<tr><td>生物质能</td><td>9.7</td><td>10.3</td><td rowspan="2">2.8</td></tr>
<tr><td>其他可再生能源</td><td>1.5</td><td>1.3</td></tr>
<tr><th rowspan="2">品种</th><th colspan="4">预测值</th></tr>
<tr><th>IEA（2040年）</th><th>EIA（2040年）</th><th>IEEJ（2040年）</th><th>BP（2035年）</th></tr>
<tr><td>煤炭</td><td>22.3</td><td>21.8</td><td>23.9</td><td>23.5</td></tr>
<tr><td>石油</td><td>27.5</td><td>30.7</td><td>29.0</td><td>29.3</td></tr>
<tr><td>天然气</td><td>24.8</td><td>25.0</td><td>24.8</td><td>25.2</td></tr>
<tr><td>核电</td><td>5.7</td><td>5.1</td><td>6.0</td><td>5.4</td></tr>
<tr><td>水电</td><td>3.0</td><td rowspan="3">17.4</td><td>2.4</td><td>7.4</td></tr>
<tr><td>生物质能</td><td>10.2</td><td>10.7</td><td rowspan="2">9.2</td></tr>
<tr><td>其他可再生能源</td><td>6.4</td><td>3.2</td></tr>
</table>

从不同国家和地区来看，发达国家一次能源基本保持不变，发展中国家和新兴经济体国家年均增速1.4%～1.8%。2015—2040年，发达国家一次能源需求增速为负，为−0.2%～0.4%；发展中国家和新兴经济体年均增速约为1.4%～1.8%。IEA预计2015—2040年中国一次能源需求将新增11.5亿tce，年均增长1.0%。部分国家和地区一次能源需求预测见表4-5。

表4-5　部分国家和地区一次能源需求预测　　亿tce

<table>
<tr><th rowspan="2">国家（地区）</th><th colspan="4">预测基准</th></tr>
<tr><th>IEA（2015年）</th><th>EIA（2015年）</th><th>IEEJ（2014年）</th><th>BP（2015年）</th></tr>
<tr><td>OECD</td><td>75.1</td><td>86.4</td><td>75.0</td><td>78.6</td></tr>
<tr><td>非OECD</td><td>114.2</td><td>120.8</td><td>115.5</td><td>109.2</td></tr>
<tr><td>美国</td><td>31.2</td><td>35.1</td><td>35.7</td><td>32.6</td></tr>
<tr><td>日本</td><td>6.1</td><td>7.1</td><td>6.3</td><td>—</td></tr>
<tr><td>欧盟</td><td>22.6</td><td>—</td><td>—</td><td>23.3</td></tr>
<tr><td>俄罗斯</td><td>9.8</td><td>10.9</td><td>—</td><td>—</td></tr>
<tr><td>中国</td><td>42.7</td><td>47.9</td><td>43.6</td><td>43.1</td></tr>
<tr><td>印度</td><td>12.2</td><td>10.2</td><td>11.8</td><td>10.0</td></tr>
</table>

续表

国家（地区）	预测值			
	IEA（2040 年）	EIA（2040 年）	IEEJ（2040 年）	BP（2035 年）
OECD	72.1	94.3	79.0	79.7
非 OECD	170.3	170.9	183.1	165.4
美国	30.3	36.6	35.7	33.0
日本	5.5	6.8	6.1	—
欧盟	18.7	—	—	21.5
俄罗斯	10.8	10.9	—	—
中国	**54.2**	**62.1**	**60.9**	**63.2**
印度	27.2	21.9	25.2	22.9

4.2.2 终端能源消费展望

世界终端能源消费增速预测值略有提升。各主要机构均认为，2040 年以前世界终端能源消费量将持续增长。IEA《世界能源展望 2017》认为，2040 年世界终端能源消费量将达到 178.0 亿 tce，年均增长 1.1%。IEEJ 预测显示，2040 年世界终端能源消费总量将达到 186.1 亿 tce，年均增长 1.3%。各机构世界终端能源消费量预测见表 4-6。

表 4-6　　世界终端能源消费量预测　　亿 tce

来源	预测基准	2020 年	2030 年	2040 年	年均增速
IEA	133.9（2015 年）	145.8	161.5	178.0	1.1%
IEEJ	134.6（2014 年）	147.3	167.5	186.1	1.3%

根据国网能源研究院最新预测结果，以 2016 年为预测基准年，以 136 亿 tce 为基准，在自主减排情景下，2030 年世界终端能源消费量将达到 167 亿 tce，2040 年将达到 184 亿 tce，2050 年将达到 196 亿 tce，年均增速约为 1.2%。

从终端能源消费结构来看，煤炭、石油占比下降，天然气和电力占比持续提高。根据各机构预测结果，2040 年煤炭在终端能源消费中的比重将下降约 2～3 个百分点；石油仍然是最重要的终端能源，占比仍将超过三分之一；电能在终端能源消费中的比重将会明显提高，从18%左右上升到23%左右。各机构世界终端能源消费结构预测见表4-7。

表4-7　　世界终端能源消费结构预测　　%

品种	预测基准		预测值	
	IEA（2015年）	IEEJ（2014年）	IEA（2040年）	IEEJ（2040年）
煤炭	11.1	11.4	8.8	8.5
石油	40.7	39.9	36.0	38.0
天然气	15.0	15.1	18.2	16.9
电力	18.6	18.1	23.2	22.2
热力	2.9	2.9	2.4	2.3
生物质能	11.3	12.6	10.1	12.1
其他可再生能源	0.4		1.3	

从不同国家和地区来看，发达国家和发展中国家终端能源需求增速仍远高于发达国家。OECD国家2014—2040年均增长率为-0.1%～0.2%。非OECD国家终端能源需求仍呈增长趋势，2014—2040年年均增速约1.8%。不同机构世界主要国家终端能源消费预测见表4-8。

表4-8　　世界主要国家终端能源消费预测　　亿tce

国家和地区	预测基准		预测值	
	IEA（2015年）	IEEJ（2014年）	IEA（2040年）	IEEJ（2040年）
OECD	51.9	51.6	50.7	54.7
非OECD	76.5	77.8	118.4	123.5
美国	21.7	24.8	21.5	25.5
日本	4.2	4.2	3.4	4.0
欧盟	15.9	—	14.1	—
俄罗斯	6.2	—	7.2	—
中国	**27.4**	**28.4**	**36.5**	**38.1**
印度	8.3	7.9	19.0	17.3

4.3 电力发展展望

4.3.1 电力需求展望

2040 年世界电力需求总量将达到 34.5 万亿 kW·h，电力需求增速高于能源需求增速。IEA 预计，2016—2040 年世界电力需求年均增速约 2.0%，高于能源需求年均 1.0%的增速。其中，OECD 国家电力需求年均增速约 0.8%，非 OECD 国家约为 2.7%。2040 年世界电力需求总量预计达到 34.47 万亿 kW·h。

根据国网能源研究院最新预测结果，以 2016 年为预测基准年，以 22.9 万亿 kW·h 为基准，在自主减排情景下，2030 年世界电力需求总量将达到 36.0 万亿 kW·h，2040 年将达到 46.7 万亿 kW·h，2050 年将达到 57.8 万亿 kW·h。

2040 年世界主要国家和地区电力需求预测值略有下降。IEA 预计，2040 年美国电力需求将达到 4.57 万亿 kW·h 左右，年均增速 0.7%；2040 年中国电力需求将达到 9.23 万亿 kW·h 左右，年均增速 2.3%。世界主要国家和地区电力需求预测见表 4 - 9。

表 4 - 9　　世界主要国家和地区电力需求预测　　万亿 kW·h

国家/地区	2016 年	2020 年	2030 年	2040 年	年均增速
北美	4.69	4.87	5.21	5.65	0.8%
中南美	1.06	1.16	1.48	1.86	2.4%
欧洲	3.56	3.70	3.90	4.19	0.7%
非洲	0.66	0.74	1.10	1.71	4.1%
中东	0.91	0.97	1.34	1.80	2.9%
欧亚大陆	1.07	1.12	1.27	1.43	1.2%
亚太	9.43	10.74	14.43	17.83	2.7%
东南亚	0.84	0.99	1.46	2.00	3.7%
美国	3.89	4.03	4.27	4.57	0.7%

续表

国家/地区	2016 年	2020 年	2030 年	2040 年	年均增速
欧盟	2.86	2.95	3.03	3.18	0.4%
日本	0.97	0.96	0.98	1.01	0.2%
俄罗斯	0.87	0.90	0.99	1.07	0.9%
中国	**5.32**	**6.09**	**7.91**	**9.23**	**2.3%**
印度	1.10	1.38	2.45	3.61	5.1%
巴西	0.51	0.56	0.69	0.85	2.1%

4.3.2 发电量展望

2040 年世界发电量约 39 万亿 kW·h。根据各主要能源机构的预测，2040 年世界发电量约 39.29 万亿 kW·h，比 2016 年预测值略有提高，年均增速仍为 1.9%。EIA 调低了对全球发电量增速的预测，认为 2015—2040 年年均增速预测为 1.5%。2040 年世界发电量预测见表 4-10。

表 4-10 世界发电量预测 万亿 kW·h

来源	基准年	2020 年	2030 年	2040 年	年均增长率（%）
IEA	24.24（2015 年）	26.70	32.86	39.29	1.9
EIA	23.43（2015 年）	25.36	29.36	34.05	1.5
IEEJ	23.82（2014 年）	27.41	33.57	39.82	2.0

根据国网能源研究院最新预测结果，以 2016 年为预测基准年，以 24.7 万亿 kW·h 为基准，在自主减排情景下，2030 年世界发电量将达到 39.4 万亿 kW·h，2040 年将达到 51.2 万亿 kW·h，2050 年将达到 63.5 万亿 kW·h。

从世界主要国家和地区来看，发电量的增长主要来自非 OECD 国家。2040 年，非 OECD 国家发电量及其增长速度均明显高于 OECD 国家。非 OECD 国家的发电量约为 OECD 国家的 1.5～2 倍，OECD 国家发电量的年均增长率约 0.6%～1.0%，但各机构均调低对非 OECD 国家发电量年均增速的预测值，认为年均增长率约 1.8%～2.8%，中国和印度发电量增速较快，年均增长率分别为 1.6%～

2.2%和 2.9%～4.7%。2040 年世界主要国家和地区发电量预测见表 4－11。

表 4－11　世界主要国家和地区发电量预测　万亿 kW·h

国家和地区	基准年		预测值（2040 年）［实物量（增速）］	
	IEA（2015 年）	EIA（2015 年）	IEA	EIA
OECD	10.84	10.41	12.75（0.6%）	13.19（1.0%）
非 OECD	13.40	13.02	26.54（2.8%）	20.86（1.8%）
美国	4.29	4.10	5.00（0.6%）	5.10（0.8%）
日本	1.04	1.00	1.08（0.1%）	1.07（0.2%）
欧盟	3.20	—	3.51（0.3%）	—
俄罗斯	1.06	0.96	1.25（0.6%）	1.09（0.3%）
中国	**5.88**	**5.89**	**10.23（2.2%）**	**9.11（1.6%）**
印度	1.38	1.24	4.48（4.7%）	2.73（2.9%）

非水可再生能源发电量占比大幅提高，煤电发电量占比大幅降低。根据各机构预测，2040 年煤电和气电仍是最主要的发电来源，占比超过一半，非水可再生能源发电量占比从 7%左右提高大幅到 14%以上。2040 年世界发电量结构预测见表 4－12。

表 4－12　世界发电量结构预测　%

品种	预测基准		预测值	
	IEA（2015 年）	EIA（2015 年）	IEA（2040 年）	EIA（2040 年）
煤电	39.32	40.18	25.67	30.51
油电	4.22	3.90	1.25	1.56
气电	22.77	22.22	23.37	25.76
核电	10.61	10.71	9.78	10.74
水电	16.04	16.43	15.76	16.68
风电	3.46	3.17	10.87	7.41
太阳能发电	1.06	0.95	8.65	4.08
生物质发电	2.19	2.43	3.62	3.26
其他	0.31		1.02	

4.3.3 发电装机展望

2040 年世界发电装机将接近或超过 100 亿 kW。根据 IEA 预测，2040 年全球发电装机容量将达到 119.60 亿 kW，年均增速 2.5%。EIA 预测值较保守，2040 年发电装机约 88.19 亿 kW，2012—2040 年均增速 1.2%。2040 年世界发电装机预测见表 4-13。

表 4-13　　世界发电装机预测　　百万 kW

来源	预测基准	2020 年	2030 年	2040 年
IEA	6414（2015 年）	7479	9725	11 960
EIA	6383（2015 年）	7282	7969	8819

根据国网能源研究院最新预测结果，以 2016 年为预测基准年，以 65.1 亿 kW 为基准，在自主减排情景下，2030 年世界发电装机将达到 132 亿 kW，2040 年将达到 185 亿 kW，2050 年将达到 240 亿 kW。

非 OECD 国家发电装机规模和年均增速明显超过 OECD 国家。2040 年，非 OECD 国家装机规模将超过 80 亿 kW，是 OECD 国家的 2 倍以上。2014—2040 年，非 OECD 国家装机的年均增长率约为 3.4%，而 OECD 国家仅为 1.1%。日本、俄罗斯、美国和欧盟发电装机增速较慢，在 0.1%～0.9%左右；中国、印度的装机增速在 3.0%以上。2040 年世界主要国家和地区发电装机预测见表 4-14。

表 4-14　　世界主要国家和地区发电装机预测　　亿 kW

国家（地区）	预测基准（2015 年）	预测值（2040 年）	年均增速（%）
世界	**64.14**	**119.60**	**2.5**
OECD	29.95	39.42	1.1
非 OECD	34.19	80.18	3.4
美国	11.52	14.62	0.9
日本	3.12	3.32	0.1

续表

国家（地区）	预测基准（2015 年）	预测值（2040 年）	年均增速（%）
欧盟	10.13	12.36	0.8
俄罗斯	2.56	2.82	0.4
中国	**15.07**	**33.48**	**3.1**
印度	3.20	14.84	6.2

从世界发电装机结构来看，可再生能源发电装机，尤其是风电和太阳能发电将成为电源结构调整的主力。根据 IEA 预计，2040 年煤电、气电装机占比分别为 20%和 23%，油电装机占比从 7%下降到 2%，非水可再生能源装机占比将明显提高，其中，风电和光伏发电装机比重将分别提高约 7.4 和 13.8 个百分点，对太阳能光伏发电的比重预测明显提高。2040 年世界发电装机结构预测见表 4-15。

表 4-15　　世界发电装机结构预测　　%

类别	预测基准（2015 年）	预测值（2040 年）
煤电	30.6	20.4
油电	6.8	1.9
气电	25.3	23.4
核电	6.3	4.3
水电	18.8	15.3
风电	6.5	13.9
生物质发电	1.9	2.3
地热发电	0.2	0.4
光伏发电	3.5	17.3
光热发电	0.1	0.6
海洋能发电	0.0	0.2

5

专题研究之一　中北欧五国能源转型评价

在 3 月 15 日的世界经济论坛上，发布了《推动有效能源转型》（Fostering Effective Energy Transition）报告，其中的 2018 年能源转型指数（ETI）从各国能源系统的当前状况，以及能源结构适应未来能源需求的准备度两个方面，对 114 个国家的表现进行了对比分析。

该报告结果显示，北欧和西欧国家在整体排名中位居前列，其中瑞典、挪威、瑞士、芬兰、丹麦排名前五（简称中北欧五国）。亚洲暂无国家进入前十。

5.1 中北欧五国概况

中北欧五国是世界上经济最发达且最注重环境保护的地区之一，是全球能源转型的典范，同时能源装备发展水平位居世界前列。丹麦、芬兰、挪威、瑞典四国因地制宜根据本国资源禀赋，大力发展生物质能、深层地热、可再生能源，利用智慧能源系统和热电联产提升电力系统灵活性，使绿色经济发展以及综合能源系统利用效率和管理水平都达到了世界领先。

丹麦风电资源丰富，芬兰生物质利用水平高，挪威油气水资源丰富并推动区域性燃气热电联产发展，瑞典通过大力发展水力和核能以及热电联产等清洁能源，基本脱离化石能源（石油、天然气和煤）。这些国家能源转型成功的创新路径、绿色发展的理念、经验尤其值得中国借鉴和思考。同时，北欧国家的能源装备技术先进：芬兰瓦锡兰、瑞典 ABB、丹麦维斯塔斯、东能源、挪威埃肯等公司享誉世界，能源转型的成功需要先进技术的支撑。

因此，本专题研究今年选取这五国进行能源转型评价，希望通过十年间能源转型指数的测算，分析提取五国在能源转型方面的关键进程和关键指标，为我国和发展中国家能源转型提供借鉴和参考。

5.2 能源转型评价指标和方法

5.2.1 评价指标体系

能源转型评价指标体系从一次能源消费、终端能源消费、能源与电力的相互关系、能源利用效率、碳排放等方面选取五个关键指标，对全球主要国家和地区的能源转型成效进行量化评价，为更好地研判能源转型提供参考。ETI 评价指标体系如图 5-1 所示。

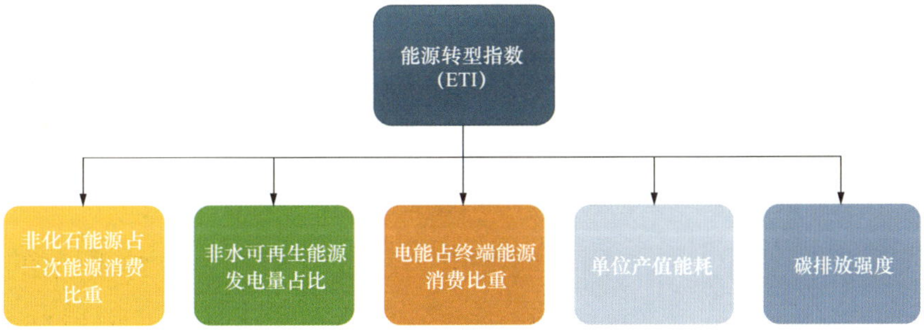

图 5-1 能源转型指数评价指标

(1) 非化石能源占一次能源消费比重。该指标体现了一次能源消费结构从传统化石能源向非化石能源转变的程度，是评价一个国家或地区能源清洁利用、低碳发展的重要指标。

(2) 非水可再生能源发电量占比。该指标体现了发电结构从常规火电、水电、核电向新兴可再生能源发电转型的程度，是评价一个国家或地区风能、太阳能等非水可再生能源利用水平的重要指标。

(3) 电能占终端能源消费比重。该指标体现了电能替代煤炭、石油、天然气等其他能源的程度，是衡量一个国家或地区终端能源消费结构和电气化程度的重要指标。

(4) 单位产值能耗。该指标是反映能源消费水平和节能降耗状况的主要指标，体现了一个国家经济活动对能源的利用程度，反映经济结构和能源利用效率的变化。

（5）碳排放强度。该指标是反映能源环境的关键指标，体现了一个国家能源电力发展对环境的影响，是衡量能源电力发展产生的环境影响的重要指标。

5.2.2 评价标准及方法

一、评价标准

采用基于样本集的综合指数评价方法，将评价对象样本集统计数据值的最大值和最小值（称为“区间标杆”）作为评价指标值的上下限，并通过无量纲化和归一化处理，将各关键指标的发展水平表述为介于 0 与 1 之间的一个数值，即关键指标的指数值。其计算公式为：

关键指标的指数值＝（评价对象统计数据值-样本集统计数据最小值）/（样本集统计数据最大值-样本集统计数据最小值）

课题组根据自主开发的“国际能源电力统计分析平台”中积累的统计数据基础，选取北美（美国、加拿大、墨西哥）、中南美（巴西、阿根廷等）、欧洲（英国、法国、德国、意大利、西班牙、俄罗斯等）、亚太（澳大利亚、中国、印度、日本、韩国、印度尼西亚等）、中东（伊朗、以色列等）、非洲（南非、埃及等）等 80 余个国家（地区）作为评价对象样本集。

二、评价方法

为更加客观公正地对能源转型成效进行评价，今年选取网络层次分析法确定关键指标权重，并采用基于扇形雷达图的评价方法对不同国家或地区的能源转型指数（ETI）进行定量计算。

根据前述能源转型指数（ETI）评价指标体系，可以看出不同类别的指标间具有相关性。考虑到这一特点，本课题采用网络层次分析方法确定各指标的权重。分析 ETI 不同评价指标间的网络层次关系，在此基础上构建评价指标的 ANP 网络层次结构图，如图 5 - 2 所示。

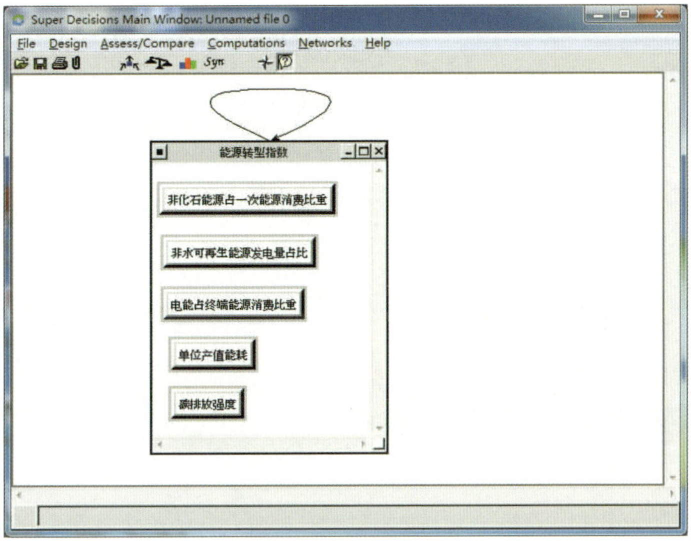

图 5-2　评价指标的网络层次结构图

对于各指标间重要性的判断，在 Super Decision 软件中专家采用九分法进行判定。Super Decision 软件中提供的二级评价指标的两两判断矩阵打分界面及一致性检验结果，如图 5-3 所示。

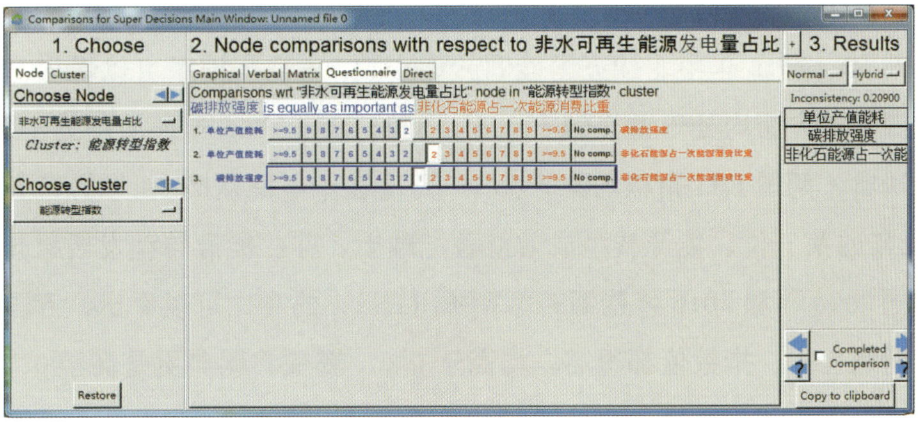

图 5-3　两两判断矩阵打分和一致性判断界面

将各评价指标间的判断矩阵输入至 Super Decision 软件并通过一致性检验后，输出评价指标的超级矩阵、极限超矩阵和各评价指标的极限和权重。各项评价指标的权重见表 5-1。

表 5-1　　各项评价指标的权重

目标层	指标层	权重
能源转型指数（ETI）	非化石能源占一次能源消费比重	0.21
	非水可再生能源发电量占比	0.21
	电能占终端能源消费比重	0.19
	单位产值能耗	0.19
	碳排放强度	0.20

5.3　能源转型评价分析

5.3.1　总体评价结果

能源转型是一个持续推进的过程，课题组将逐年跟踪样本集中的 80 余个国家（地区）在能源转型方面的进程和动态，并挑选典型国家（地区）进行能源转型评价。今年课题组选取了中北欧五国作为评价对象。选取 2006 年和 2016 年数据进行十年能源转型对比。

2006 年、2016 年中北欧五国能源转型指数（ETI）排序可以看出，五国在清洁能源发展方面均处于世界领先水平。2006 年和 2016 年挪威均处于第一位，其次为瑞典，两国 ETI 指数均高于 0.7。丹麦在十年间从 2006 年的第五位提高到 2016 年的第三位，能源转型成效显著。瑞士、芬兰能源转型发展稳步推进。

五国 2006 年和 2016 年能源转型指数（ETI）的对比可以看出，五国在十年能源转型进程上，指数值都很高，均高于 0.6，挪威、瑞典更是高于 0.7。与去年对金砖五国的评价对比，金砖五国均低于 0.6，在 0.3～0.6 之间。可见，中北欧五国在能源转型进程方面，均处于领先。且 2006—2016 年的十年间，五国能源转型稳步提高，丹麦转型成效在五国中最为显著。

2006、2016 年中北欧五国能源转型指数（ETI）对比如图 5-4 所示。

与世界经济论坛发布报告《推动有效能源模型》中的“2018 年能源转型指

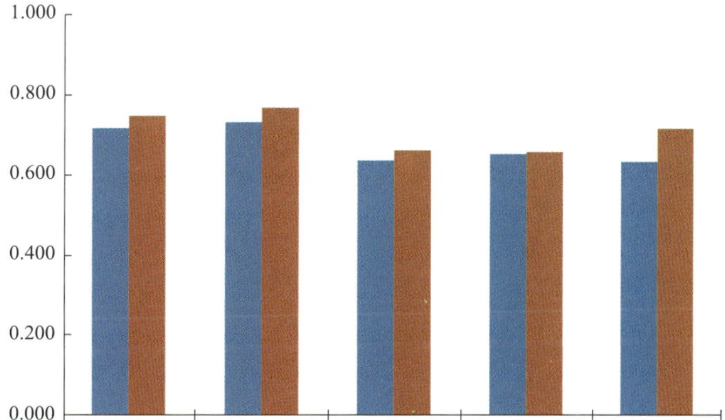

	瑞典	挪威	瑞士	芬兰	丹麦
ETI-2006	0.719	0.736	0.640	0.655	0.633
ETI-2016	0.752	0.773	0.665	0.661	0.720

图 5-4 2006、2016 年中北欧五国能源转型指数（ETI）对比

数（ETI）”进行对比可以看出，本报告提出的仅有 5 个指标的能源转型指数（ETI）评价结果与《推动有效能源转型》（*Fostering Effective Energy Transition*）报告中的“2018 年能源转型指数（ETI）”评价结果基本一致：瑞典、挪威、瑞士、芬兰、丹麦五国的能源转型程度均较高。相比起来，本报告提出的能源转型指数（ETI）虽然在指标体系的复杂度上存在不足，但在关键指标设计上更加简洁、准确，计算数据的获取也具有更高的可信度。后续课题组会继续深入研究借鉴国内外在能源转型指数及评价体系上的经验，不断丰富研究成果。

5.3.2 指标维度分析

从关键指标维度看，2006、2016 年中北欧五国能源转型关键指标雷达图如图 5-5、图 5-6 所示。

非化石能源占一次能源消费比重方面，五国差异比较明显。挪威、瑞典非化石能源占一次能源消费比重最高；丹麦油气比重较高，虽然可再生能源发展较好，但占比仍较低；瑞士、芬兰以核电、水电为主，占比较高。2006—2016 年间，五国非化石能源占一次能源消费比重均有不同程度的提高，其中丹麦可

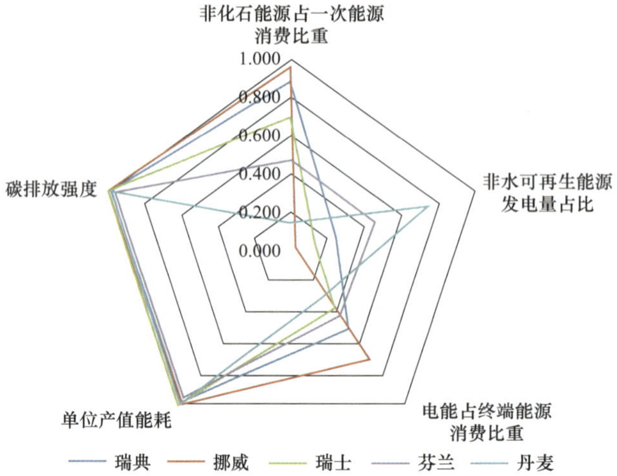

图 5-5　2006 年中北欧五国能源转型关键指标雷达图

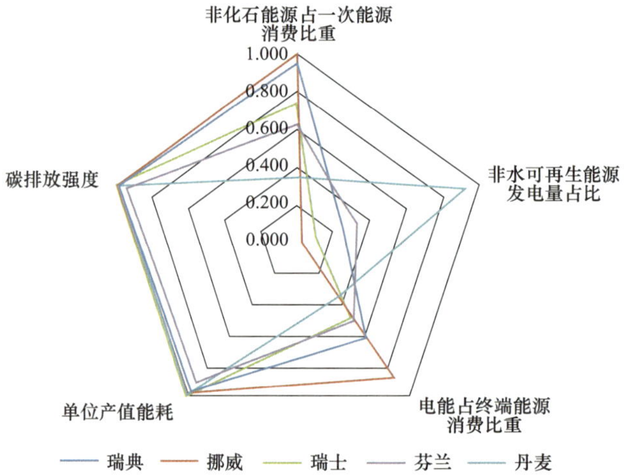

图 5-6　2016 年中北欧五国能源转型关键指标雷达图

再生能源快速发展，非化石能源占一次能源消费比重提高最多，超过 14 个百分点；其余四国也分别提高了 4～11 个百分点。

非水可再生能源发电量占比方面，丹麦优势明显，十年间遥遥领先。丹麦风电发展较快，风电利用水平全球领先，从 2006 年到 2016 年的十年间，丹麦非水可再生能源发电量占比从 21.9%提高到 62.8%，提高了近 3 倍，是全球增幅最大的国家之一；其余四国中，瑞典、芬兰非水可再生能源发电量占比分别提高了10个和9个百分点；但由于挪威、瑞士水电为第一大电源，占比较高，非水可再生能源发电量占比均低于10%。

电能占终端能源消费比重方面，五国差异明显但十年间变化不大。五国电能占终端能源消费比重在20%～46%之间，挪威最高，丹麦最低，但2006—2016年间变化不大。十年间，挪威一直是五国中电能占终端能源消费比重最高的国家，但仅提高了1个百分点；其余四国中，瑞士提高了2.3个百分点，丹麦提高了0.8个百分点，芬兰下降了0.1个百分点，瑞典提高了0.4个百分点。

单位产值能耗方面，五国均呈现下降趋势。从2006年到2016年的十年间，五国单位产值能耗不断下降，瑞典和丹麦下降幅度最大；瑞士和丹麦紧随其后，挪威下降幅度最小。十年间，瑞士始终是五国中单位产值能耗最低的国家，芬兰始终是五国中单位产值能耗最高的国家，但总体来看，五国均处于世界领先水平。

碳排放强度方面，五国在碳排放强度方面均处于全球领先水平。五国碳排放强度除芬兰为0.17kg/美元外，其余四国均低于0.1kg/美元，处于全球领先水平。2006年和2016年，瑞士均是全球碳排放强度最低的国家之一，2016年碳排放强度仅有0.06kg/美元，十年间下降了0.02kg/美元；丹麦和瑞典是十年间下降幅度最大的国家，下降幅度约40%；芬兰、瑞士下降幅度也超过20%；挪威在十年间碳排放强度基本保持不变。

5.3.3 国家维度分析

从国家维度来看，2006、2016年中北欧五国能源转型关键指标统计数据值如图5-7所示。

五国在单位产值能耗和碳排放强度方面评价值均很高，处于全球领先水平。碳排放强度方面，五国在十年间均呈现下降趋势，且保持较低水平，四国低于0.1kg/美元，一国低于0.2kg/美元。瑞士则在2016年成为全球碳排放强度最低的国家之一。单位产值能耗方面，瑞士始终是全球单位产值能耗最低的

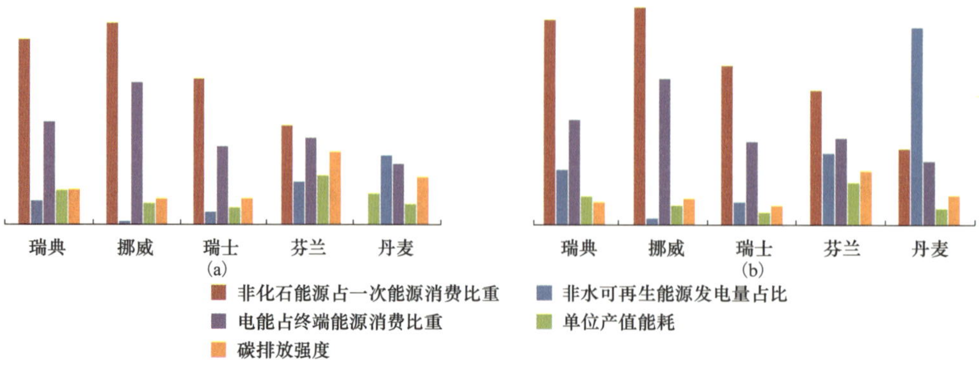

图 5-7　2006、2016 年中北欧五国能源转型关键指标统计数据对比

(a) 2006 年；(b) 2016 年

国家之一，挪威、瑞典也保持在较低水平，2016 年，瑞典、挪威、瑞士三国单位产值能耗在五国中位列前三，除芬兰外，其余四国单位产值能耗也均低于 0.1toe/千美元。

瑞典、挪威在非化石能源占一次能源消费比重方面优势明显，五国差异较大。瑞典、挪威非化石能源占一次能源消费比重均高于 60%，2016 年挪威非化石能源占一次能源消费比重达到 69.2%，更是达到全球最高水平。且从 2006 年至 2016 年的十年间，瑞典、挪威的优势更加明显；瑞士非化石能源占一次能源消费比重在 50%左右；芬兰超过 40%；十年间，丹麦可再生能源发展迅速，非化石能源占比不断提高，是五国中增幅最大的国家，但截至 2016 年仍是五国中占比最低的。

挪威在电能占终端能源消费比重方面保持领先。五国中，仅挪威电能占终端能源消费比重超过了 45%，其余四国均低于 35%，差距十分明显。瑞士、芬兰比重低于 30%，丹麦比重低于 20%。从 2006－2016 年的十年间，瑞士是五国中电能占终端能源消费比重提高最多的国家，提高了近 2 个百分点；挪威也提高了 1.1 个百分点；其余三国则变化很小。

丹麦在非水可再生能源发电量占比方面遥遥领先。在五国中，丹麦非水可再生能源发电量占比在 2006 年和 2016 年均是最高水平。众所周知，丹麦是风电利用世界领先的国家，经过十年的风电快速发展，2016 年，丹麦非水可再生能源发电量占比达到了 62.8%，已经成为丹麦发电量的重要组成部分，是全球占比最高的国家之一，也体现了丹麦可再生能源的高水平利用。十年间，丹麦非水可再生能源发电量占比提高了 41 个百分点。十年间瑞典占比也提高了超过 10 个百分点；其余三国也均有不同程度的提高。

6

专题研究之二　WEC 世界能源问题监测

《世界能源问题监测》（*World Energy Issues Monitor*）是世界能源理事会（World Energy Council）发布的系列报告，到 2018 年，已连续发布 9 年。报告通过收集、整理全球 90 多个成员国能源领导者的观点，呈现业界领导者最关注的年度重大能源问题。

报告重点从**影响力、不确定性和紧迫度三个维度**，对全球、各地区以及重点国家的能源问题的历年走势进行分析。根据能源问题的影响力和不确定性，**梳理出两类重大能源问题：关键不确定性问题（在图中以黄色显示的内容）及行动优先问题（在图中以蓝色显示的内容），并以图形的方式直观呈现，如图 6 - 1** 所示。

图 6 - 1 世界能源问题监测 2018 全球示意

注：圆形的大小表示问题的紧迫程度，圆形越大，紧迫程度越高，反之则越小。下同。

6.1 全球能源热点问题监测地图

2018 年全球问题监测地图表明，创新是全球关注的关键领域，数字化、电力存储、市场设计、分散式系统及可再生能源的关注度越来越高。领导者们对集中技术的关注减少，电价和能源供应的不确定性下降；数字化和电力存储的重要性增加，核问题重要性降低；数字化带来的影响正在促进可再生能源，区块链和数据 AI 等替代技术的快速融合；电价、美国政策和中国经济增长近五年的不确定性和影响基本保持不变，始终对所有国家产生影响；**总体而言全球能源格局继续向脱碳、数字化和分散化过渡**，具体如图 6-2 所示。

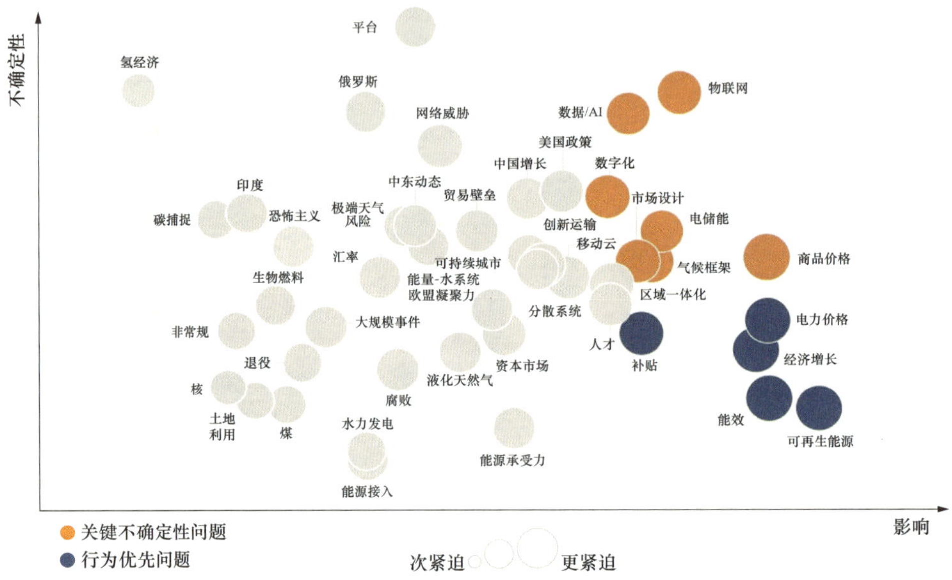

图 6-2　能源转型的全球视角

今年第一次对能源领导者与全球能源创新者的视角进行对比，如图 6-3 所示，**区块链**在两个视角中具有相同级别的高影响和高不确定性。同时**可再生能源、电力存储**在两个视角中都具有很大的影响。

未来能源领袖（FELs）是由一群杰出的年轻专业人士组成的团体，具有真正的全球视角。2018 年，FELs 将行动重点放在**市场设计**和**气候框架**上。与 2017 年相比，气候框架的紧迫性和影响力均有增长，是能源转型和能源部门转型的关键因素。市场设计仍是关键不确定性因素之一，影响力有所增加，在新的商业模式下需要推出适用于满足不同世界市场的客户需求的市场和法规。

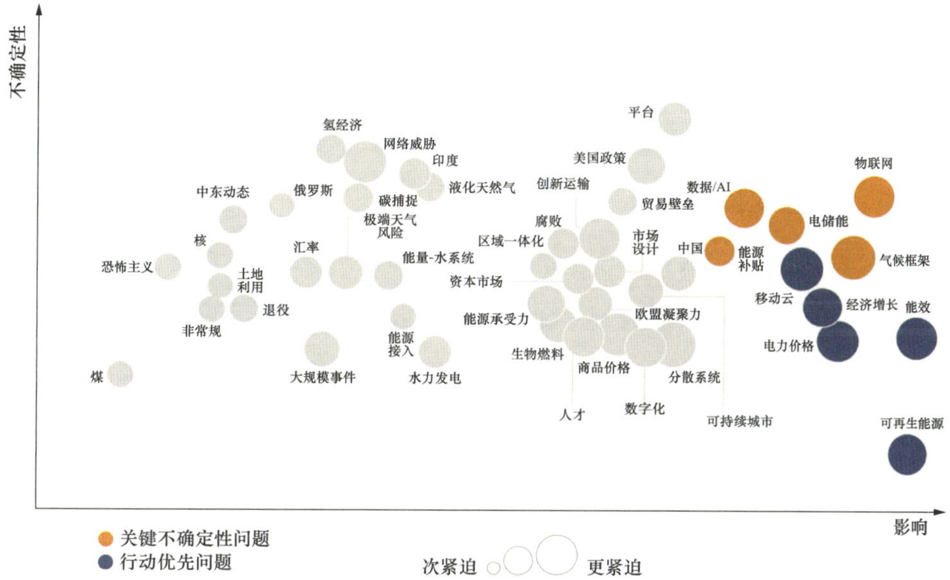

图 6-3 能源转型全球能源创新者视角

FELs 还特别强调了**物联网/区块链**和**数字化**等新兴话题，如图 6-4，其不确定性、影响力及紧迫性均显著增长，反映出这些创新技术在行业内受到了广泛关注。

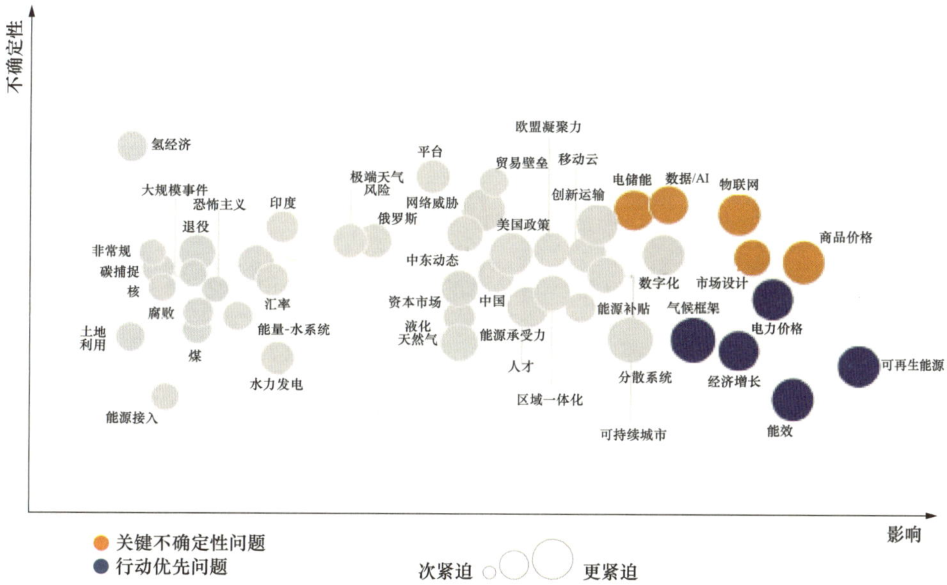

图 6-4 未来能源领袖的问题监测地图

目前，能源转型过程中正面临**“三难”**挑战，即能源安全，能源平等和环境可持续性。从问题监测地图上可以看出，在**能源公平**方面，人们越来越关注补贴和电价的影响。在**能源安全**方面，为了适应新技术的快速渗透，市场设计成为行动重点和关键不确定性。**在环境可持续性维度上**，首先需要开发新的市场结构，以便成功整合支持性技术；其次是提高能源效率以及加快可再生能源进程。

在能源安全方面，**数字化**和**网络威胁**的影响程度在经合组织国家中被认为是实质性的，而这些对非经合组织国家来说并不是优先事项。经济增长是这两个群体优先能源关注点，但是**经济增长**在后者的议程上更高。在**能源公平**范围内也可以看到两种类型国家的差异，尽管**电力价格**在两组之间的定位相似，但是非经合组织国家受到能源供应能力的严重影响，并且依赖于能源补贴，而经合组织的电力价格却与市场变化息息相关，更多是受**数字化**、**新能源技术**整合和**气候法规**强加的条件的影响。随着非经合组织国家的发展，**数字化**和**网络威胁**对非经合组织国家的影响也会逐步增加。最后，围绕环境可持续性方面两类国家存在着一个协同点，两者在发展**可再生能源**和提高**能源效率**方面采取了类似的行动。

6.2 重点地区能源热点问题监测地图

6.2.1 非洲地区

从非洲问题监测地图（见图 6-5）可以看出，**能源贫困**、**电价**、**能源效率**和**基础设施**是非洲国家面临的主要挑战。**可再生能源**对非洲议程产生了很大影响，并在非洲主要国家取得了重大进展，如喀麦隆将于 2022 年上线的 Nachtigal 水电站，能将喀麦隆现有的装机容量增加 30%，有助于当地长期降低**电力成本**；肯尼亚也制定了相关政策进一步完善太阳能家庭系统，推动分散式能源的发展：这些成为非洲可再生能源转型的突破。然而，对于非洲地区而言，还存在着电价过高、政治环境腐败和资金难以获得等问题阻碍着地区能源系统的转型，非洲地区可再生能源的进一步发展仍然需要有利的**政策框架**、适宜的**法**

规、充足的**资金**以及**政府和其他政策制定者的大力支持**。

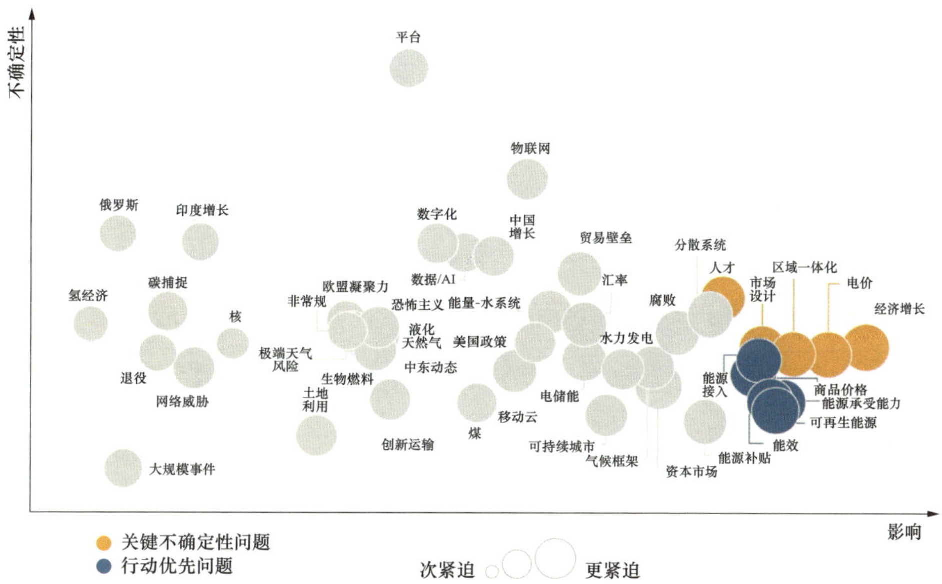

图 6-5 非洲问题监测地图

区域能源一体化仍然是非洲地区议程的重点，也是非洲能源领导者和组织的关键优先事项。多年来，大多数区域能源一体化项目的进展仍然非常缓慢。预计该地区将加大用于连接电网的输电项目的投资以及大力开发可吸引私营部门投资的可融资项目。

市场设计介于不确定性和行动优先领域之间。政府和行业都热衷于进一步扩大市场准入，以资助能源项目和基础设施。设计和实施高效电力市场是非洲联盟实现非洲自由贸易市场（2017 年），非洲关税同盟（2019 年）和非洲共同市场（2025 年）目标成功的关键。

气候变化框架最初在问题监测中被认为具有很高的不确定性，在最近两年中才最终融入行动重点领域，具有重大影响。所有非洲国家都签署了《巴黎协定》，只有 8 个国家准备利用自己的资源推进国家数据中心（国家自主贡献）的实施，而其他国家则以国际社会的财政支持为条件。预计非洲开发国家数据中心将作为优惠资金的催化剂，为加速非洲气候行动融资提供机会。

分散式系统尽管在不确定性较高的区域，但是今年其影响力正在增强。与过去传统的解决方案相比，它们可以更快、更低成本地提供社会经济红利，并且可以为快速缩小能源接入缺口提供有吸引力的选择，特别是对于偏远地区和农村地区。为了进一步维持其发展，应采取强有力的行动，重点关注可再生能源供应。此外，政策制定者还需要发展监管框架以整合新的机会，并响应可持续利用不断变化的选择。

能源效率处于高影响和紧迫性的区域，并在过去两年中成为非洲地区的行动优先事项。为了提高能源效率，非洲的各个国家都做出了积极回应，如博茨瓦纳制定了的第十个国家发展计划，肯尼亚使公众了解能源效率的重要性并让公众参与政策的实施。

6.2.2 亚洲地区

在亚洲地区，**电力存储**有着高度不确定性，同时**创新运输**也成为一种关键的不确定性，如图 6 - 6 所示。

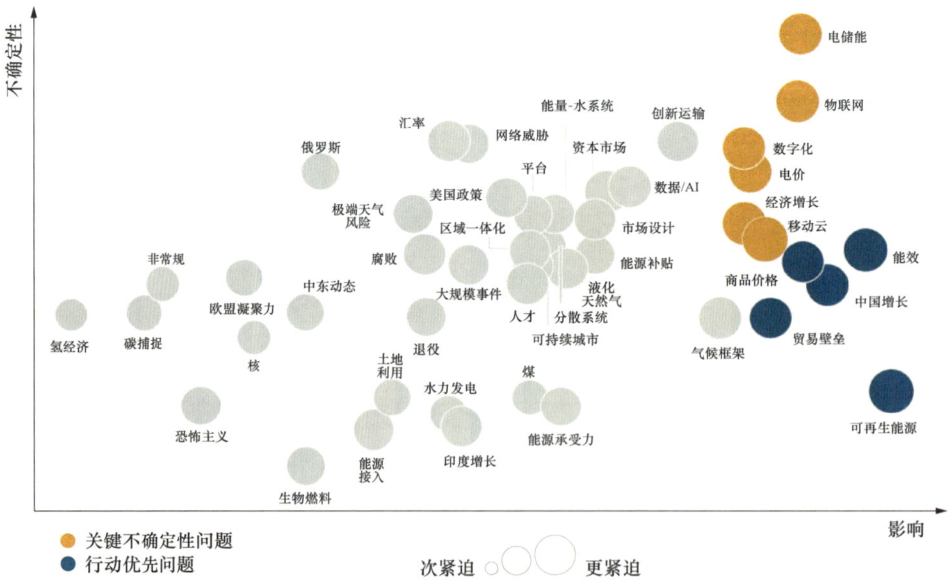

图 6 - 6 亚洲问题监测地图

2017年，中国、日本和韩国举行了第四次能源会议。会议讨论了三个国家理想的能源结构问题、可再生能源的推广以及天然气利用扩张的举措和挑战；双方对**美国的行动**是否有助于世界的稳定或不稳定以及它们如何影响世界和亚洲的能源和环境问题表示担忧。这两个未知因素给亚洲带来了极大的不确定性。

极端天气风险和**煤炭**正在进入弱信号象限，核问题仍然与去年几乎相同。但是，应该指出的是，在一些亚洲国家，比如中国、印度煤炭基础设施仍然占主导地位。就核能而言，由于核能仍然是亚洲脱碳的重要解决方案以及解决日益增长的能源需求的一种方式，一些亚洲国家正在计划发展该技术，目前中国正在大力推进核电，日本的一些核电站将重新启动或正在重新上线。

最后，**气候框架**已经从高度不确定性的象限转变为实施行动的象限。尽管美国有可能退出《巴黎协定》，但几乎所有亚洲国家都已提交了国家自主贡献预案（国家自愿捐款），并准备采取必要措施来实现其自身的温室气体目标。这有力地表明，亚洲能源领导者正在加快行动，以缓解气候变化并走向低碳社会。

最后，**地缘政治风险**变得更加重要，特别是在东北亚，朝鲜的核和弹道导弹发展对地区稳定产生了负面影响。

6.2.3 欧洲地区

欧洲问题监测地图显示，创新集群正在推动欧洲的能源议程。新引入的问题“**物联网/区块链**”和“**数据/人工智能**”已经直接进入议程的首位，人们对网络安全的认识不断提高、对电能存储的兴趣日益增加并对市场设计产生了新的需求，同时，俄罗斯对天然气运输的影响给欧洲大部分国家带来了高度不确定性，如图6-7所示。

气候变化这一主题今年发生了重大转变：由曾经的高度不确定性到现在的行动重点。随着巴黎协议和欧盟对欧盟排放交易计划法规的更新等重要政策的

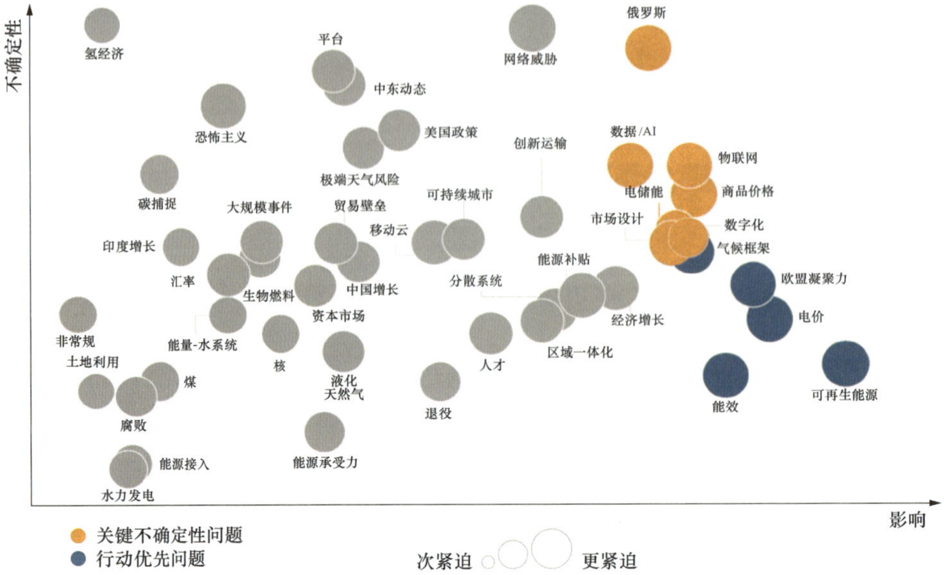

图 6-7 欧洲问题监测地图

制定，欧洲能源部门对未来有了更加准确的看法。与可再生能源和能源效率一起，欧盟能源和气候政策（“冬季一揽子计划”）的所有三大支柱都在行动优先领域。

在欧洲，还看到集中解决方案在反对分散可再生能源解决方案方面的相对重要性继续下降。但是这并不意味着集中化的解决方案将不再发挥作用——未来几十年，它们在确保充足的电力供应上仍然重要。但它表明，未来能源系统的侧重点将在新的创新技术上。

数字化是该地区未来能源系统的发展趋势，在比利时、爱沙尼亚等国数字化属于行动重点事项，同时各国领导者也开始重视与之相关的网络威胁。

电能存储是创新集群中一个核心技术，电能存储也是运输和供暖的一个重要的技术集群，尤其是对于运输来说，电能储存是决定性的。

能源系统转型的另一个后果是市场设计的正确性的问题。现有的电力**市场设计**是由中央和可调度的发电站驱动的；未来的能源世界有不同的特点，其特点是在以零边际成本为基础的强大的天气驱动下生产。因此，也需要一种新的市场设计——因此，欧洲现在将其视为一项行动优先事项。

6.2.4 拉丁美洲和加勒比地区

拉丁美洲和加勒比地区仍然面临着石油和其他大宗商品价格的下跌问题。尤其是南部地区高度依赖石油出口的国家，产生了通货膨胀、货币贬值、失业率上升等影响，如巴西、委内瑞拉、厄瓜多尔、玻利维亚、哥伦比亚和阿根廷等。但同时，低商品价格也对该地区依赖进口燃料发电的能源净进口国产生了积极影响。

2018 年拉丁美洲和加勒比地区的能源热点问题主要有**区域一体化**、**极端天气气候事件**、**可再生能源**、**能源效率**和**腐败**，如图 6-8 所示。

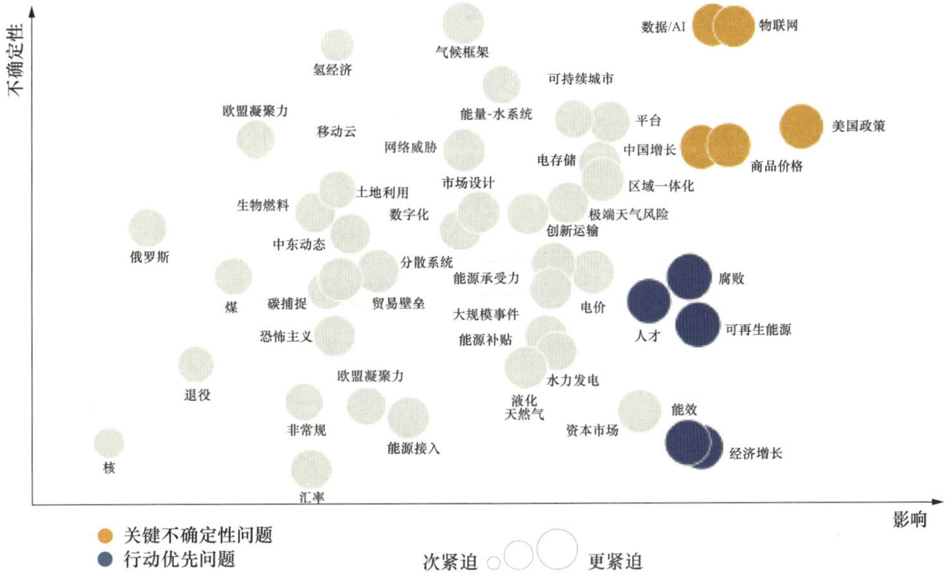

图 6-8 拉丁美洲和加勒比地区问题检测地图

区域一体化是拉丁美洲和加勒比地区新出现的不确定性因素。国家间的互联互通对应对厄尔尼诺现象、解决个别国家的能源短缺问题十分重要，可加强各国间关系，提升各国能源系统的安全性。

极端天气气候事件。2017 年，拉丁美洲和加勒比地区经历了旱灾、地震和干旱地区的洪水以及通常潮湿地区的极端干旱，这使得自然灾害发生后的能源弹性与安全性成为领导者的重要议题。

可再生能源依旧是一个重要问题。拉丁美洲和加勒比地区具有巨大的水电潜力，但是水电资源与水文循环和厄尔尼诺现象等极端天气事件的变化密切相关，因此大力提高能源系统的弹性才能促进该地区水电的可持续发展。

能源效率是另一个重点行动目标，具有良好的开发潜力，厄瓜多尔、哥伦比亚和智利等国家均出台了相关政策推动能源效率的发展。但巴西高额的发电税金和补贴阻碍了能源效率的提升。

除此之外，**腐败**也应成为能源领导者关注的重点。

6.2.5 中东地区

2017 年中东地区能源发展热点问题主要为**政治局势**、**国内经济发展**、**天然气**以及**技术革命**。如图 6 - 9 所示，中东地区能源局势相对稳定，不确定性因素较少。

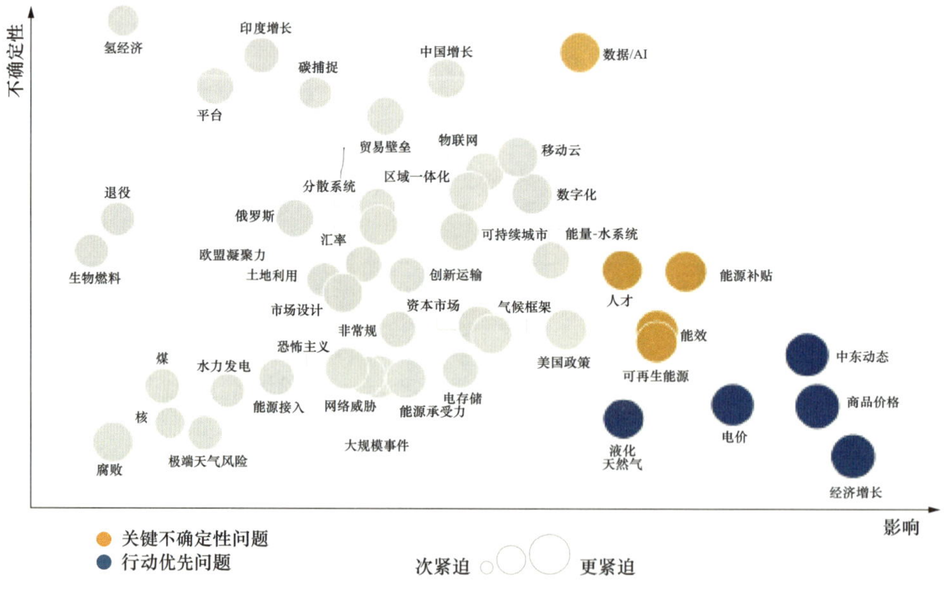

图 6 - 9　中东问题监测地图

在沙特阿拉伯、阿联酋和巴林与卡塔尔断交之后，地缘政治紧张局势愈演愈烈。据分析结果显示，中东政治局势对能源发展的影响程度上升，但其不确定性下降，可能反映出海湾合作委员会的大多数人认为中东冲突问题不太可能在短期内解决。

中东地区领导者们最关心的问题还是经济增长、电价、大宗商品价格等**国内经济问题**，可再生能源、能源效率、能源补贴和人才等国内问题影响力紧随其后，超出国际预期。

中东地区的**天然气**话题依然是一个关键问题，延续了近年来影响力上升而不确定性下降的趋势，但通过进口缓解了供不应求的市场局势。

除此之外，分散式系统、区块链、移动云和数字化等**新技术**存在很大不确定性，但影响程度很高，表明中东国家开始意识到创新技术的潜力。部分电力企业为了提高能源效率、降低能耗，纷纷开始采取措施推动数字化发展。

但值得注意的是，极端天气风险、气候框架和清洁燃料等因素的影响力均较低，说明该地区对气候变化影响和脱碳挑战等能源转型相关的问题缺乏兴趣。

6.2.6 北美地区

北美地区国家经济多依赖于能源商品的生产和出口。2017 年北美国家石油和天然气产量保持增长、电力系统向清洁化迈进，持续可靠、能源价格合理、对清洁能源有持续的政策推动。

北美近期正致力于分散式发电系统和发展改造传统能源以减少温室气体的排放。美国联邦政策更倾向于传统发电形式，但大多数州都在积极推动更清洁的发电形式。墨西哥正在进行能源改革，允许私营企业参与石油、天然气和电力市场，同时也在推进其电力系统的数字化进程。加拿大以化石燃料和电力的出口为主，主要出口到美国。

与 2016 年相比，**美国政策**因素仍然保持在高不确定性和高影响力的区域，如图 6-10 所示，但由于石油价格趋于稳定，大宗商品价格并未被列入关键的不确定性因素中。

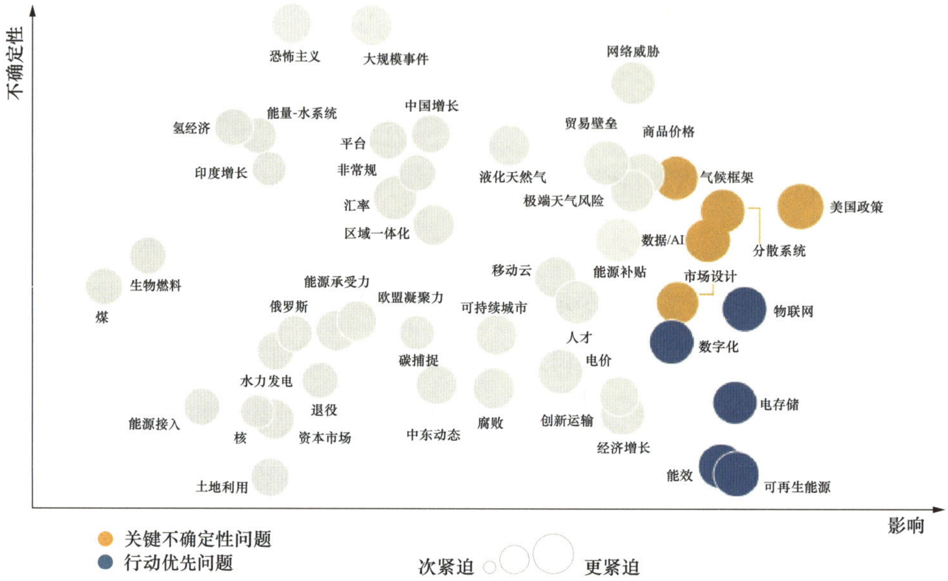

图 6-10　北美问题监测地图

石油和天然气开发市场依然在发生变化。墨西哥的能源改革和美国的放松管制都在推动当地石油和天然气投资。曾作为石油进口方的美国开始成为加拿大的竞争对手。

分散式发电及其带来的电网配置与运行的变化是一个关键的不确定性因素，使政策设计和实施更加复杂。但风力发电、太阳能发电、电储能等技术的发展推动了美国、加拿大和墨西哥在分散式发电方面取得重要进展。特别是加拿大，对大规模清洁电力的投资高达 700 亿美元，占十大基础设施项目中的八分之一。

除分散式发电外，其他不确定性因素还有气候框架、市场设计和数据安全。由于大容量储能技术的发展，电储能由去年的关键不确定性因素变为能源领导者的优先行动方向。据 GTM Research 称，2017 年美国将部署约 295MW 的储能，比 2016 年增加了 28%。

问题监测中出现的另一个优先行动方向是**区块链**。各国都在进行相关新技术的研究及试点，加拿大 Alectra Utilities 与 IBM 合作计划使用区块链测试需求响应结算。美国能源部和美国国防部在尝试为电网开发基于区块链的网络安全技术。墨西哥，需求响应聚合器将在近期开始探索区块链技术的使用。

附录1　缩略语及名词解释

EU：欧洲联盟。由欧洲共同体（又称欧洲共同市场，简称欧共体）发展而来的，是一个集政治实体和经济实体于一身、在世界上具有重要影响的区域一体化组织。现有成员国 28 个，包括法国、德国、意大利、荷兰、比利时、卢森堡、丹麦、爱尔兰、英国、希腊、西班牙、葡萄牙、奥地利、芬兰、瑞典、塞浦路斯、捷克、爱沙尼亚、匈牙利、拉脱维亚、立陶宛、马耳他、波兰、斯洛伐克、斯洛文尼亚、保加利亚、罗马尼亚、克罗地亚（2013 年 7 月 1 日加入）。

OECD：经济合作与发展组织。成立于 1961 年，总部设在巴黎，由市场经济国家组成的政府间国际经济组织，旨在共同应对全球化带来的经济、社会和政府治理等方面的挑战，并把握全球化带来的机遇。目前成员国总数 34 个，包括澳大利亚、奥地利、比利时、加拿大、捷克、丹麦、芬兰、法国、德国、希腊、匈牙利、冰岛、爱尔兰、意大利、日本、韩国、卢森堡、墨西哥、荷兰、新西兰、挪威、波兰、葡萄牙、斯洛伐克、西班牙、瑞典、瑞士、土耳其、英国、美国、智利、爱沙尼亚、以色列、斯洛文尼亚。

IEA：国际能源署。总部设于法国巴黎的政府间组织，由经济合作发展组织为因应能源危机于 1974 年 11 月设立。国际能源署致力于预防石油供给的异动，同时也提供国际石油市场及其他能源领域的统计情报。现有成员国 29 个，包括澳大利亚、奥地利、比利时、加拿大、捷克、丹麦、爱沙尼亚、芬兰、法国、德国、希腊、匈牙利、爱尔兰、意大利、日本、韩国、卢森堡、荷兰、新西兰、挪威、波兰、葡萄牙、斯洛伐克、西班牙、瑞典、瑞士、土耳其、英国、美国。

OPEC：石油输出国组织。成立于 1960 年 9 月 14 日，1962 年 11 月 6 日欧佩克在联合国秘书处备案，成为正式的国际组织。其宗旨是协调和统一成员国的石油政策，维护各自的和共同的利益。现有成员国 11 个，包括沙特阿拉伯、伊拉克、伊朗、科威特、阿联酋、卡塔尔、利比亚、尼日利亚、阿尔及利亚、印度尼西亚、委内瑞拉。

IAEA：国际原子能机构。一个同联合国建立关系，并由世界各国政府在原子能领域进行科学技术合作的机构，总部设在奥地利的维也纳。任何国家不论是否为联合国的会员国或联合国专门机构的成员国，经机构理事会推荐并由大会批准入会后，交存对机构《规约》的接受书，即可成为该机构的成员国。现有成员国 153 个。

IMF：国际货币基金组织。根据 1944 年 7 月在布雷顿森林会议签订的《国际货币基金协定》，于 1945 年 12 月 27 日在华盛顿成立，总部设在华盛顿。IMF 与世界银行并列为世界两大金融机构，其职责是监察货币汇率和各国贸易情况，提供技术和资金协助，确保全球金融制度运作正常。

WB：世界银行。世界银行是世界银行集团的俗称，是联合国系统下的多边发展机构，包括国际复兴开发银行（IBRD）和国际开发协会（IDA）等五个机构。WB 不是一个常规意义上的银行，而是一个以减少贫困和支持发展为使命的独特的合作伙伴机构，成立于 1944 年，总部设在美国华盛顿特区。

WEC：世界能源理事会。成立于 1924 年，原名世界动力会议，1968 年改名为世界能源会议，1990 年更名为世界能源理事会。总部设在英国伦敦。现有 91 个国家和地区委员会。

EIA：美国能源信息管理局。成立于 1977 年，隶属美国能源部，总部设在华盛顿特区，是美国国会设立的能源统计机构。

IEEJ：日本能源经济研究所。成立于 1966 年 6 月，旨在从国际经济整体角度针对能源领域开展研究活动，通过客观分析能源问题，为政策制定从基础数据、信息和报告等方面提供依据。1984 年 10 月，能源数据和模型中心（EDMC）作为 IEEJ 的附属机构成立，承担了能源数据库的开发，各种能源模型的建立和能源经济性分析。1999 年 6 月，EDMC 并入 IEEJ 作为其下属的一个部门。

附录2 主要国家能源与电力数据

附表2-1 **世界主要国家人口** 万人

排序	国家	2010年	2012年	2013年	2014年	2015年	2016年	2017年
1	**中国**	**134 091**	**135 404**	**136 076**	**136 782**	**137 462**	**138 271**	**138 398**
2	印度	119 052	122 719	124 334	125 970	129 234	130 935	133 918
3	美国	30 973	31 415	31 674	31 905	32 108	32 330	32 552
4	巴西	19 495	19 653	20 103	20 277	20 447	20 610	20 929
5	俄罗斯	14 290	14 300	14 370	14 370	14 346	14 344	14 423
6	日本	12 805	12 761	12 734	12 706	12 698	12 690	12 664
7	德国	8175	8052	8077	8110	8169	8273	8240
8	英国	6226	6371	6409	6451	6511	6557	6597
9	法国	6277	6338	6366	6392	6434	6461	6714
10	意大利	5919	5939	5969	5996	6080	6067	6060

资料来源：IMF，World Economic Outlook Database. April 2018.

附表2-2 **世界GDP排名前十国** （按汇率计算）现价，亿美元

排名	国家	2016年	2017年	排名	国家	2016年	2017年
1	美国	185 691	193 906	6	印度	22 564	25 975
2	**中国**	**112 183**	**122 377**	7	法国	24 632	25 825
3	日本	49 386	48 721	8	巴西	17 986	20 555
4	德国	34 666	36 774	9	意大利	18 507	19 348
5	英国	26 292	26 224	10	加拿大	15 292	16 530

资料来源：IMF，World Economic Outlook Database. April 2018.

附表2-3 **世界一次能源消费前十国** 亿tce

排序	国家	2015年	2016年	2017年	排序	国家	2015年	2016年	2017年
1	**中国**	**43.06**	**43.61**	**44.75**	4	俄罗斯	9.53	9.63	9.98
2	美国	32.58	32.47	31.93	5	日本	6.41	6.36	6.52
3	印度	10.01	10.34	10.77	6	加拿大	4.71	4.71	4.98

续表

排序	国家	2015 年	2016 年	2017 年	排序	国家	2015 年	2016 年	2017 年
7	德国	4.58	4.61	4.79	9	韩国	3.96	4.09	4.23
8	巴西	4.18	4.25	4.21	10	法国	3.41	3.37	3.40

资料来源：BP，BP World Energy Statistical Review 2018。

附表 2 - 4　　世界能源生产国前十名（2017 年）

煤炭		石油		天然气	
国家	亿 t	国家	亿 t	国家	10^8 m^3
中国	34.11	沙特阿拉伯	5.86	美国	7492
印度	6.92	俄罗斯	5.54	俄罗斯	5794
美国	6.66	美国	5.43	伊朗	2024
澳大利亚	4.93	伊拉克	2.19	卡塔尔	1812
印度尼西亚	4.34	加拿大	2.18	加拿大	1520
俄罗斯	3.85	伊朗	2.16	中国	1384
南非	2.51	中国	2.00	挪威	1166
德国	1.76	阿联酋	1.82	沙特阿拉伯	1094
波兰	1.31	科威特	1.53	阿尔及利亚	913
哈萨克斯坦	1.02	墨西哥	1.21	印度尼西亚	697

资料来源：BP，BP World Energy Statistical Review 2018。

附表 2 - 5　　世界主要国家单位产值能耗　　toe/千美元（2010 年不变价）

排序	国家	单位产值能耗		排序	国家	单位产值能耗	
		2016 年	2017 年			2016 年	2017 年
1	俄罗斯	0.450	—	6	美国	0.128	0.123
2	印度	0.350	—	7	巴西	0.127	—
3	**中国**	**0.304**	—	8	法国	0.087	0.086
4	韩国	0.216	0.219	9	德国	0.082	0.081
5	加拿大	0.153	0.155	10	日本	0.070	0.070

资料来源：IEA，World Energy Balances 2018。

附表 2-6　　世界主要国家装机容量　　万 kW

排序	国家	装机容量		排序	国家	装机容量	
		2015 年	2016 年			2015 年	2016 年
1	**中国**	**150 673**	—	6	德国	18 843	20 850
2	美国	107 344	108 685	7	加拿大	14 376	14 402
3	日本	29 456	33 564	8	巴西	14 217	—
4	印度	28 600	—	9	法国	12 931	13 079
5	俄罗斯	25 557	—	10	意大利	12 050	11 416

资料来源：IEA，Electricity Information 2018。

附表 2-7　　世界主要国家电力消费量　　亿 kW•h

排序	国家	电力消费量		排序	国家	电力消费量	
		2015 年	2016 年			2015 年	2016 年
1	**中国**	**56 933**	**59 747**	6	德国	5730	5174
2	美国	38 954	38 077	7	韩国	5067	5040
3	印度	10 270	11 100	8	巴西	4918	4911
4	日本	9628	9578	9	加拿大	5445	4883
5	俄罗斯	9493	7447	10	法国	4684	4410

资料来源：IEA，Electricity Information 2018；中国数据来自中国电力企业联合会。

附表 2-8　　世界主要国家人均装机容量及人均用电量（2016 年）

排序	国家	人均装机容量 (kW)	排序	国家	人均用电量 (kW•h)
1	加拿大	3.97	1	加拿大	14 844
2	美国	3.36	2	美国	12 825
3	日本	2.65	3	日本	7974
4	德国	2.53	4	法国	7148
5	法国	1.96	5	德国	6956
6	意大利	1.88	6	俄罗斯	6715
7	俄罗斯	1.80	7	意大利	5081
8	**中国**	**1.19**	**8**	**中国**	**4290**
9	巴西	0.64	9	巴西	2504
10	印度	0.24	10	印度	918

资料来源：IEA 统计数据。

参 考 文 献

[1] UN. Energy Statistics Yearbook 2016 . New York，2018.

[2] IEA. Energy Balances of World 2018. Paris，2018.

[3] IEA. Energy Statistics of World 2018. Paris，2018.

[4] IEA. Electricity Information 2018. Paris，2018.

[5] IEA. Energy Prices and Taxes 2018. Paris，2018.

[6] IEA. CO_2 Emissions from fuel combustion 2017. Paris，2017.

[7] IEA. Key World Energy Statistics 2018. Paris，2018.

[8] IEA. World Energy Outlook 2017. Paris，2017.

[9] EIA. International Energy Outlook 2017. USA，2017.

[10] IEA. Monthly oil，Gas and Electricity Survey Archives. Paris，2018.

[11] BP. BP Statistical Review of World Energy 2018. London，June，2018.

[12] World Energy Council，2017 Survey of Energy Resources.

[13] EIA. Annual Energy Review 2018，USA.

[14] ENTSO - E. STATISTICAL FACTSHEET 2017. Brussels，Belgium，June，2018.

[15] ENTSO - E. ENTSO - E Annual Report 2018. Brussels，Belgium，June，2018.

[16] SAPP. Annual Report 2018.

[17] WEC. 2017 - World Energy Issues Monitor - full Report. London，United Kingdom，January，2018.

[18] GLOBAL TRENDS IN RENEWABLE ENERGY INVESTMENT 2018. UNEP&BNEF，2018.

[19] 刘振亚. 中国电力与能源. 北京：中国电力出版社，2012.

[20] 中国电力企业联合会. 2017 年电力工业统计资料汇编. 北京，2017.

[21] 中国电力企业联合会. 中国电力行业年度发展报告 2018. 北京：中国市场出版

社，2018.
[22] 国家统计局，能源统计司. 中国能源统计年鉴 2017. 北京：中国统计出版社，2017.
[23] 国家电网公司发展策划部，国网能源研究院. 国际能源与电力统计手册（2017 版）. 北京，2017.
[24]《世界大型电网发展百年回眸与展望》编撰委员会. 世界大型电网发展百年回眸与展望. 北京：中国电力出版社，2017.
[25] 国网能源研究院有限公司. 世界能源与电力发展状况分析报告 2017. 北京，2018.
[26] 中国石油集团经济技术研究院. 2018 年国内外油气行业发展报告. 北京，2018.
[27] 国家统计局. 2018 中国统计摘要. 北京，2018.
[28] 国家电网有限公司. 2017 社会责任报告. 北京，2018.